Joseph Baader

Die Preußen in Nürnberg

und den benachbarten Gebieten in den Jahren 1757, 1758 und 1762

Joseph Baader

Die Preußen in Nürnberg
und den benachbarten Gebieten in den Jahren 1757, 1758 und 1762

ISBN/EAN: 9783743323742

Hergestellt in Europa, USA, Kanada, Australien, Japan

Cover: Foto ©ninafisch / pixelio.de

Manufactured and distributed by brebook publishing software (www.brebook.com)

Joseph Baader

Die Preußen in Nürnberg

Die Preußen in Nürnberg

und den benachbarten Gebieten

in den Jahren 1757, 1758 und 1762.

Ein kleiner Beitrag zur Geschichte des siebenjährigen Krieges,

nach archivalischen Quellen bearbeitet

von

Jof. Baader,

königl. Archiv-Conservator.

Bamberg, 1868.

Druck und Verlag von Otto Reindl.

Vorwort.

Wir versuchen es, auf den folgenden Blättern die Invasionen zu schildern, die König Friedrich II. von Preußen in den Jahren 1757, 1758 und 1762 durch Oberstlieutenant von Mayer, General-Lieutenant von Driesen und Generalmajor von Kleist gegen die Reichsstadt Nürnberg und ihr Gebiet, sowie gegen das Hochstift Bamberg und einige andere Stände des Frankenlandes ausführen ließ. Sie haben in den Werken über den siebenjährigen Krieg im Ganzen nur geringe Beachtung gefunden; oft wurden sie bloß mit wenigen Zeilen abgefertigt. Halten wir sie mit den Ereignissen des Jahres 1866 und dem damaligen Einfall der Preußen in die bayerischen Kreise Ober-, Unter- und Mittelfranken zusammen, so ergibt sich zwischen beide eine merkwürdige Parallele; hier wie dort fast dieselben Zwecke, dieselben Mittel, dieselbe Politik und nämliche Taktik. Die Ereignisse des Jahres 1866 sind gewissermaßen nur die Entwicklung und das Endergebniß jener preußischen Politik, wie sie von Friedrich II. gehandhabt wurde. Preußen hat mit zäher Ausdauer an ihr festgehalten, und ihr verdankt es zum großen Theile die Erfolge des Jahres 1866.

Das Material zu seiner Schilderung hat der Verfasser im königlichen Archive zu Nürnberg in solcher Reichhaltigkeit gefunden, daß aus dem Aufsatze, den er ursprünglich beabsichtigte, ein Büchlein geworden. Auch benützte er neben den archivalischen Quellen einige höchst seltene gleichzeitige Druckschriften und Flugblätter über den siebenjährigen Krieg, unter andern die sogenannte Species facti vom Jahre 1757 und 1758, die dem Reichstage zu Regensburg vorgelegt wurde.

Bei dieser Arbeit hatte der Verfasser hauptsächlich die Invasionen im Auge, die gegen Nürnberg und sein Gebiet unternommen wurden; was er über den Marsch und Aufenthalt der preußischen Freibataillone in der Oberpfalz und im ansbacher, rothenburger und bamberger Gebiete berichtet, möge als Beigabe betrachtet werden, die auf Vollständigkeit keinen Anspruch macht, aber immerhin Beachtung verdienen dürfte, da sie größtentheils aus bisher unbenützten Archivalien geschöpft ist.

Nürnberg, im Mai 1868.

Der Verfasser.

Inhalt.

                                                            Seite

I. Die preußische Invasion unter Oberst-Lieutenant Johann von Mayer im Jahre 1757:
   1) Mayer's Anmarsch und Lager vor Nürnberg 1
   2) Nürnberg's Vertheidigungsanstalten und Unterhandlungen mit Mayer 18
   3) Mayer's Abzug 34

II. Die preußische Invasion unter General-Lieutenant von Driesen im Jahre 1758 43

III. Die preußische Invasion unter General-Major von Kleist im Jahre 1762 57

IV. Beilagen 83

I.
Die preußische Invasion
unter
Oberstlieutenant Johann von Mayer
im Jahre 1757.

1. Mayer's Anmarsch und Lager vor Nürnberg.

Wir stehen im zweiten Jahre des siebenjährigen Krieges. Wie dieser seinen Anfang genommen, setzen wir als bekannt voraus. Schon vor seinem Beginne im Jahre 1756 hatte Oesterreich mit Rußland und Frankreich Bündnisse geschlossen, welchen August, König von Polen und Churfürst von Sachsen, beigetreten. Friedrich II. von Preußen glaubte, diese Alliancen seien gegen ihn gerichtet und auf seinen Untergang berechnet. Nicht bloß Schlesien sollte er herausgeben; Preußen selbst sollte aufhören, ein Königreich zu sein. So meinte er; Andere aber glaubten, er selbst habe auf den Ruin seiner Nachbarn speculirt. Daß er gerüstet, ehe jene Alliancen zu Stande gekommen, ist Thatsache. Friedrich verlangte von Oesterreich Friedenszusicherungen; es soll ihm Aufschluß geben wegen des Bündnisses mit Rußland und wegen der Ansammlung von Truppen in Böhmen und Mähren. Maria Theresia antwortete, ihre eigene und ihrer Bundesgenossen Sicherheit erfordere es, gegen die preußischen Rüstungen Maßregeln zu ergreifen; sie selbst aber denke nicht daran, Jemand in Nachtheil zu bringen.

Diese Erklärung genügte dem König nicht; eine solche unschlüssige und unbestimmte Antwort müsse er als ein Eingeständniß annehmen, daß die Kaiserin ein gefährliches Vorhaben gegen Preußen beschlossen habe. Diese aber stellte eine solche feindselige Absicht in

Abrede: das Gerücht von einem Angriffsbündniß Oesterreichs und Rußlands gegen Preußen sei falsch und völlig erdichtet. Dagegen sei es Thatsache, daß sich der König schon lange mit bedrohlichen Rüstungen beschäftige.

Friedrich ließ sich auf weitere Explicationen nicht ein. Er suchte seinen Gegnern zuvor zu kommen, indem er rasch zum Schwerte griff und in Sachsen einfiel. Also begann der siebenjährige Krieg, der Norddeutschland, Sachsen, Schlesien, Böhmen, Mähren und andere deutsche Lande verheerte und auch unser gesegnetes Frankenland nicht verschonte. Denn gleich nach dem Einfalle Friedrichs in Sachsen forderte Kaiser Franz I. vom Reiche die societsmäßigen Vorkehrungen gegen den preußischen Landfriedensbruch und die Aufstellung einer Reichsexecutionsarmee, die dem angegriffenen Theile zu Hilfe kommen sollte. Der Reichstag zu Regensburg ging auf des Kaisers Forderung ein und beschloß die eilige Aufstellung eines Reichsexecutionsheeres, damit die Grundveste des Vaterlandes aufrecht erhalten und dem Vorgehen des Königs, das auf den Umsturz der bestehenden Reichsverfassung abziele, und seiner unerhörten gemeinschädlichen Empörung Einhalt gethan werde. Durch diesen Beschluß trat also auch das Reich in den Kampf, für den nun auf allen Seiten gerüstet wurde.

Unter'm 13. September erließ der Kaiser die sogenannten Avocatorien, „wodurch alle Generäle, Obersten, hohe und niedere Befehlshaber und alle Kriegsleute der wider den König von Polen und Churfürsten von Sachsen im Anzug begriffenen Churbrandenburgischen Völker, die unter des Kaisers oder des Reichs Botmäßigkeit gesessen, der dem König von Preußen und Churfürsten von Brandenburg geleisteten Eide und Pflichten aus kaiserlicher Macht und Gewalt entbunden und angewiesen wurden, des Churfürsten zu Brandenburg zur Empörung führende Fahnen, Dienste und Bestallung zu verlassen, dessen Geboten nicht mehr zu gehorchen, noch sich dessen strafmäßigen, zu des gemeinen Vaterlandes Zerrüttung und Umstürzung gereichenden Beginnens auf einige Weise theilhaftig zu machen, um die diesfalls in den Reichsgesetzen auf Leib, Ehre und Gut verordneten Strafen zu vermeiden."

Zu gleicher Zeit erging an alle kreisausschreibende Fürsten der Auftrag, die kaiserlichen Avocatorien allenthalben anschlagen zu lassen und dafür zu sorgen, daß gegen die churbrandenburgischen Vergewaltigungen den Bestimmungen des Landfriedens baldigst ein Genüge geschehe. Im fränkischen Kreise fanden die kaiserlichen Befehle den schuldigen Gehorsam; wie sehr derselbe dafür büßen mußte, wollen wir sehen:

Im Frühjahre 1757 war Friedrich in Böhmen eingedrungen; am 6. Mai schlug er die Oesterreicher bei Prag. Nach diesem Siege theilte er sein Heer in mehrere Corps, um den feindlichen Armeen, die gegen Sachsen und den Mittelpunkt der preußischen Staaten anrückten, Hindernisse in den Weg zu legen, die protestantischen Stände zu ermuthigen, die Katholiken einzuschüchtern, die Neutralität einzelner Reichsstände zu erzwingen, Geld und Soldaten beizutreiben und die Aufstellung des Reichsheeres zu hindern. Eines dieser Corps stand unter den Befehlen des Oberstlieutenants Johann von Mayer; es bestand aus 2 Freibataillons, jedes 600 Mann stark, und aus 300 Husaren und führte 5 Geschütze mit sich. Mayer und Oberstlieutenant Lenoble hatten dasselbe im Jahre 1756 zu Naumburg und Freiberg gebildet. Es kam aus Böhmen und sollte die Oberpfalz und den fränkischen Kreis heimsuchen. Sein Marsch ging über Beraun und Rokitzan bis Pilsen, wo 9000 fl. erpreßt wurden. Von Pilsen ging es südlich nach Klattau, dann wieder nördlich nach Bischofteinitz und von hier südwestlich nach Waldmünchen, wo das bayerische Gebiet betreten wurde.

Mayer hatte keine Kriegskassa; was sein Corps brauchte, mußte von den Ländern hergegeben werden, durch die es zog. Außer den gewöhnlichen Requisitionen von Lebensmitteln, Fourage und Vorspannen wurde auch Geld erpreßt; doch hielt er, wenigstens Anfangs, ziemlich gute Mannszucht. Die ganze Oberpfalz war von Schrecken erfüllt; Mayer vergrößerte denselben absichtlich, indem er ausgab, er bilde lediglich die Avantgarde eines größeren Corps, das in der Stärke von 20,000 Mann nachfolge.

Am 14. Mai rückte er in Bohenstrauß ein. Hier stellten die Preußen starke Requisitionen an Lebensmitteln und Fourage. Mayer forderte 3000 fl. an Douceur's für sich und seine Offiziere und für jeden Soldaten 1 Pfund Fleisch, 2 Pfund Brod und 2 Maaß Bier — Cigarren gab es wohl noch nicht. — Brandschatzungen wurden nicht gefordert, nur Douceurs, was feiner lautete, aber auf dasselbe hinauslief.

Am folgenden Tage machten sie einen Besuch zu Nabburg und Pfreimd und in der umliegenden Gegend. Zu Nabburg erpreßten ein

Hauptmann und seine Leute verschiedene Summen. Nicht zufrieden damit plünderten sie noch mehrere Läden. Das war aber Alles noch nicht genug; sie wollten noch mehr haben, und der Hauptmann setzte dem dortigen Oberbeamten Grafen von Kreuth ¹) die Pistole auf's Herz; dieser hieb ihn aber mit einem Hirschfänger dergestalt über den Kopf, daß er zusammenstürzte. Das ganze Städtchen kam darüber in Alarm. Die Bürger griffen zu den Wehren, nahmen den Hauptmann und seine Soldaten gefangen und führten sie nach Amberg. Dagegen arretirten die nachrückenden Colonnen mehrere Bürger, die sie als Geiseln für den weggeführten Hauptmann — er hieß Mayr — mit sich fortschleppten. Von Pfreimd ging der Marsch über Lichtenberg und Luhe nach Hirschau. In Lichtenberg erhoben sie 50 Ducaten als Douceur, desgleichen viele Lebensmittel und Fourage.

Auch Amberg befürchtete einen Einfall des Freicorps. Es wurden die Kanonen aufgeführt und die fürstlichen Gelder und gerichtlichen Depositen durch den Kammerrath und Generalkassier Tretzel nach Nürnberg geflüchtet. Ueberhaupt kamen damals viele Flüchtlinge, darunter die Landsassin von Hirneis zu Finstermühl, nach Nürnberg und in die nürnbergischen Pflegstädtlein, desgleichen in die bayerische Bergfestung Rothenberg, in die aus den pfälzischen Distrikten viel Vieh geflüchtet wurde. Die Regierung zu Amberg wollte den unerschwinglichen Requisitionen und der Verheerung des Landes um jeden Preis ein Ziel setzen; ohne dazu ermächtigt zu sein, ließ sie auf eigene Faust alle Landbeamte durch Circular vom 20. Mai in Kenntniß setzen, daß sich der Churfürst im Kriege neutral verhalten werde. Als Mayer hievon gehörig verständigt worden, ließ er sogleich von allen Forderungen ab; ja er versprach sogar Ersatz für die bisher gemachten Lieferungen. Auch zog er sofort aus dem oberpfälzischen Gebiete, um in's bambergische einzufallen.

Die Erklärung der Regierung zu Amberg wurde von Mayer mit vieler Klugheit benützt. Wohin er kam, überall stützte er sich auf Churbayern, das die Neutralität ergriffen habe. Dem war aber nicht also. Allerdings hatte der Churfürst den Obersten von Montgelas an den König von Preußen abgesendet, aber nicht, um über die Neutralität zu unterhandeln, sondern um Genugthuung zu fordern wegen des Einfalls in der Oberpfalz und wegen der Excesse, die der Haupt-

---

¹) Nach Anderen war es ein Handelsmann.

mann Mayr und seine Soldaten zu Rabburg verübt hatten. Leiste Preußen Genugthuung, so sei auch der Churfürst bereit, den gefangenen Hauptmann und die Soldaten freizugeben. Wenn Churbayern seine Werbungen fortsetze, so geschehe es nur, um die Lücken auszufüllen, die durch Deserteurs entstanden; im Kriege mit dem König befinde er sich aber nicht. Von Neutralitäts-Verhandlungen war also keine Sprache. Dieses erklärte auch Graf Podstabsky dem bei dem fränkischen Kreise accreditirten kaiserlichen Minister von Widmann. Hauptmann Mayr und seine Soldaten wurden bald darauf freigegeben, wogegen die Preußen auch die Geiseln entließen, die sie aus Rabburg mitgenommen.

Am 19. Mai näherte sich das Corps dem bambergischen Städtchen Vilseck. Der dortige Oberamtmann und Pfleger, Freiherr von Kinsberg, der Richter und zwei Mitglieder des Rathes gingen ihm eine Strecke vor das Thor entgegen. Sogleich rannten 2 Husaren mit gespannten Pistolen und ein Rittmeister an der Spitze einer Truppe mit gezogenen Säbeln auf sie zu. Als der Pfleger sich erbot, zu ihrer Verpflegung Alles zu liefern, was in seiner Macht stehe, gingen sie darauf nicht ein; sie erwiderten nur, mit dem allein werde es nicht abgehen, es müßten außerdem auch etliche tausend Ducaten herbeigeschafft werden, um ihre Freundschaft zu gewinnen. Bald darauf erschien Mayer selbst. Die Deputation bat ihn, er möge nichts feindliches gegen sie vornehmen; sie wolle sich auf's Aeußerste anstrengen, um seine Mannschaft zu verpflegen. Mayer erwiderte: „Die Bischöfe zu Bamberg und Würzburg haben der Königin von Ungarn Hilfsvölker geschickt, um gegen den König von Preußen zu kämpfen; deshalb bin ich jetzt erschienen."

Nach diesen Worten ließ er sein Corps sogleich in Vilseck einrücken. Dasselbe quartierte sich selbst ein. Das Geschütz wurde beim Rathhause in der Mitte des Platzes aufgestellt, aller Vorrath an Haber, Heu und Stroh unter die Offiziere und Husaren vertheilt, und Speise und Getränk in Unmasse requirirt. Am 20. Mai wurde Rasttag gehalten. Weil Vilseck nicht im Stande war, die nöthige Verpflegung und Fourage zu liefern, wurden die Soldaten in die umliegenden Dörfer ausgesendet, um sie zu holen. Daß es dabei nicht ohne Plünderung abging, läßt sich denken. Namentlich wurden die Fischgruben der Bauern fast total geleert.

Das ganze Corps bestand damals aus 42 Oberoffizieren unter

Mayer und dem Major von Kalben, 1339 Unteroffizieren und Soldaten, 19 Bedienten, 60 Weibspersonen und 366 Pferden. Für die Soldaten wurden an Douceurs verlangt 17 Kreuzer per Tag, für die Offiziere eine entsprechende höhere Summe und für Mayer 100 Karolins. Auf vieles Bitten begnügte er sich endlich mit 1000 fl., quittirte aber nur über 500 fl. Es wurde eine große Anzahl Vorspann mitgenommen. Mayer verlangte für dieselben, wenn er sie wieder zurücksenden sollte, noch 111 fl. Am 21. Mai zog er ab, nachdem er dem Städtlein und Amt Vilseck einen Schaden von 4216 fl. verursacht hatte. Mayer lag bei dem Pfleger im Quartier. Churbayern habe die Neutralität ergriffen, erklärte er ein- über das andermal. Vor dem Abmarsch zeigten die Preußen dem Herrn von Kinsberg ein neuerfundenes Geschoß, dessen sie sich bedienten. Es bestand aus einem kleinen Stück Holz, das mit Pulver gefüllt wurde und 8 Pfosten enthielt, statt der Kugel in den Lauf geladen wurde und beim Abschießen in 8 Stücke zersprang. — Die Kapuziner zu Vilseck blieben von der Einquartierung verschont, weil sie selbst nichts hatten.

Von Vilseck ging der Marsch nach Sulzbach, wo sie am 21. Mai eintrafen und 1100 Mann stark sich einquartierten, während die Husaren in den umliegenden Ortschaften umher streiften. Mayer forderte zu Sulzbach 24 Karolin Douceur. Hier nahm er auch die Sulzbachischen Regierungsräthe Molitor und Beyer als Geiseln mit.

Von Sulzbach zog er stracks gegen das Nürnbergische Gebiet, und zwar in die Dörfer Hartmannshofen und Pommelsbrunn, wo sie sich einquartierten. Zu Pommelsbrunn forderten sie 243 Rationen Haber und 8 Pfund Heu für jedes Pferd. „Nur gute Verpflegung!" sagte Mayer, „dann werde ich auch gute Mannszucht halten." Hartmannshofen und Pommelsbrunn, nebst den Ortschaften Höfen und Appelsberg berechneten ihren Schaden mit 1420 fl. 3¾ kr.

Gabriel von Thill, Pfleger zu Hersbruck, ritt den Preußen nach Hartmannshofen entgegen. Er hatte vom Rath zu Nürnberg den Auftrag erhalten, ihnen mit aller Mäßigung entgegen zu kommen und ihren Abmarsch durch ein Douceur zu erkaufen. Man hielt sie bloß für Freibeuter, die auf eigne Faust, und ohne höhere Ordre herumziehen und die Leute brandschatzen. Mayer aber erklärte dem Pfleger, er komme nicht als Feind, sondern als Freund, und verlange nichts als Verpflegung. Von seinem Marsch ließ er sich nicht abhalten, und schon am 22. Mai Nachmittags 1 Uhr kam ein Husaren-Unteroffizier mit 4 Mann an's Spitalthor zu Hersbruck. Ein Bürgerkorporal wollte sie nicht einlassen und den Gatter versperren; aber die Husaren drangen doch hindurch und fragten dann nach den kaiserlichen Werbern, die sich zu Hersbruck aufhielten. Da hieß es aber, diese hätten sich schon vor einer Stunde davon gemacht.

Am 23. Mai rückte Mayer zu Hersbruck ein. Er ließ die Bürgerwachen sogleich entfernen und den Bürgern ihre Waffen abnehmen, wie er denn überhaupt an allen Orten, wo er hinkam, die Gewehre abforderte. Auf den Straßen ließ er Piquets zu 20 bis 30 Mann aufstellen. Von Hersbruck schickte er seinen Adjutanten Anguinelli(?) nach Happurg und Reichened, wo überall 100 Thaler Contribution und die Gewehre abgefordert wurden. Einen Theil seiner Mannschaft der zu Hersbruck keinen Platz fand, ließ er zu Altensittenbach und Ellenbach einquartieren. Zu Altensittenbach forderte der commandirende Offizier 2 Carolin Douceur und machten die übrigen Kosten 292 fl. 12½ kr., zu Ellenbach 208 fl. 6 kr.

In Hersbruck wurde bekannt gemacht, die Bürger sollen in ihren Häusern bleiben und 2 und 3 oder mehrere Personen nicht mit einander auf der Gasse gehen. Alle Thore waren von den Preußen besetzt. Nach Nürnberg ließ Mayer wissen, es soll eine Deputation zu ihm herauskommen, und man soll ihm 1000 Paar lederne Hosen, einen Tubus 2 Spannen lang, und 15 Hüte mit Montirungstressen 3 Finger breit, herausschicken; er wolle Alles bezahlen. Alle Depeschen, die aus Nürnberg kamen, wurden erbrochen, und die nürnbergischen Ordonanzen arretirt. Lebensmittel und Fourage mußten in großer Menge geliefert werden, und das gute Hersbrucker Bier ließen sie sich trefflich schmecken.

In Nürnberg herrschte über diese Dinge große Bestürzung. Der daselbst tagende Kreisconvent wurde vom Magistrat um Rath und Beistand angegangen. Ersterer hielt die Preußen ebenfalls für Marodeurs, die durch das nürnbergische und bambergische Contingent leicht zersprengt werden könnten, und Mayer sei bloß ein Partisan und Condottiere, der auf eigene Rechnung Krieg führe und vom König keine Bestallung habe. Der Kreisconvent schickte den Oberst von Oelhafen zu Schöllenbach an Mayer nach Hersbruck, um denselben wegen des Einfalls in die fränkischen Kreislande und wegen der Vorfälle zu Bilseck und Hersbruck zu Rede zu stellen und zu fragen, ob er zu einem solchen Vorgehen königl. preußische Ordre habe. Auch soll er

abstehen, den Ruhestand des Kreises noch weiter zu stören und die
Völker zu betrüben. Falle Mayer's Erklärung nicht befriedigend aus,
so werde Kreisconvent durch eigene Abordnung bei dem König wegen
dieser Ausschweifungen Beschwerde führen. Als Oelhafen seinen Auf=
trag ausgerichtet, antwortete Mayer, seine Umstände hätten nicht ge=
stattet, Requisitorialien vorausgehen zu lassen. Wegen der geforderten
unentgeltlichen Abgabe der Lebensmittel und anderer Marscherfordernisse
könne er zur Zeit keine Antwort geben, noch viel weniger aber anzei=
gen, wohin, wie und wann er seinen Marsch fortsetzen werde. Den
Ruhestand des Kreises werde er nicht stören, soferne man Frieden
haben wolle; anßerdem hätte man es sich selbst zuzuschreiben, wenn er
zum Ernst gezwungen werde und üble Folgen daraus entstünden.
Ueberdies habe er von seinen Handlungen Niemand Rechenschaft zu
geben, als seinem König. Von Brandschatzung und Plünderung könne
keine Rede sein, da ihm Herr von Künsberg zu Bilseck wegen
guter Mannszucht 500 fl. Douceur gegeben. Ueberhaupt wundere es
ihm, daß einige Stände Truppen gegen ihn zusammenziehen und ihre
Bauern animiren, da er doch keine Feindseligkeiten ausübe, sondern
des gemeinen Mannes Freundschaft erwerbe*).

Zu gleicher Zeit hatte auch der Rath zu Nürnberg eine Depu=
tation an Mayer abgesendet. Dieselbe bestand aus dem Landpfleger
Ebner und Hauptmann Haller, die am 23. Mai Nachmittags nach
Hersbruck abgingen und bei ihrer Ankunft das Städtlein stark besetzt
fanden. Nach einem scharfen Examen wurden sie in's Schloß geführt,
wo sich Mayer einquartiert hatte. Als Zweck ihrer Sendung bezeich=
neten sie die Mithilfe zur Verpflegung der Truppen. Aber Mayer
führte den Ebner gleich bei Seite und eröffnete ihm als einen Raths=
deputirten, daß Nürnberg die Neutralität ergreifen soll, und zwar so=
gleich, da es noch Zeit sei. Diese Neutralität aber müsse strengstens
beobachtet und das nürnbergische Contingent dürfe auf keinen Fall
zu den Kreistruppen gestellt werden. Nürnberg müsse die Neutralitäts=

---

*) Ein Paar Tage später wurde Oelhafen abermals an Mayer abgesendet.
Dieser wiederholte obige Versicherungen, mit dem Zusatz, er werde keine
Feindseligkeit gegen Nürnberg ausüben; er habe nur ein und Anderes
mit dieser Stadt abzumachen; mit dem Kreise habe er nichts zu schaffen.
Oelhafen erwiderte, mit dem Kreise, und nicht mit der Stadt habe es
Mayer zu thun; denn vom Kreis=Nexus dürfe dieselbe nimmermehr ge=
trennt werden.

Erklärung dem König persönlich durch einen Stabsoffizier oder durch ein Schreiben übergeben. Sollte das letztere geschehen, so müsse man ihm vorher das Concept zur Einsicht geben, damit er sehe, ob dasselbe nach den Intentionen des Königs abgefaßt sei.

Ebner antwortete, eine solche Erklärung sei Sache des ganzen Kreises. Mayer ließ das aber nicht gelten. „Ich fordere", sagte er „die Neutralität speziell von der Stadt Nürnberg; mit den andern Reichsständen werde ich es auch also halten. Ich habe den Churfürsten von Bayern bereits zur Neutralität bewogen." Bei diesen Worten zeigte er den Deputirten ein Schriftstück, das die bayerische Neutralitäts-Erklärung enthalten sollte. Er ließ sie aber nur einige Passus desselben sehen; das übrige verdeckte er mit den Händen. Auch Churpfalz, versicherte er, habe ihm die Neutralität versprochen. Bis zu Erfüllung dieses Versprechens habe er einstweilen die Hofräthe Molitor und Beyer zu Sulzbach als Geiseln mit sich genommen ³). Dann sei es Nürnberg, wenn es zuerst unter den Kreisständen die Neutralität ergreife, ein Leichtes, diesen Schritt durch seine Lage zu entschuldigen, da das Ungewitter bereits über seinem Haupte schwebe. Zudem sei er im Stande, die Stadt mit Gewalt zur Neutralität zu nöthigen; und seine Truppen hätten dergleichen Unternehmungen schon mehrere und wichtigere ausgeführt. Nürnberg dürfe schon etwas gut machen, „denn es habe in particulari einen ungnädigen König", weil es den Hauptmann Mayr ⁴) ausgeliefert, die königlichen Truppen in einem Rescript, das in seine Hände gekommen, für Marodeurs ausgegeben, und preußische Deserteurs sich enthalte.

---

³) Sie waren in Hersbruck im Sternwirthshaus einquartiert und wurden am 24. Mai wieder frei gelassen.

⁴) Mit diesem Hauptmann Mayr hatte es folgende Bewandtniß: Er war, wie es scheint, ein preußischer Spion, der sich in der Vorstadt Gostenhof unter dem Namen Wöllwärth bei einem gewissen H. Koch aufhielt. Er gab sich für einen würtembergischen Offizier aus, der kaiserliche Minister von Widmann wurde auf ihn aufmerksam gemacht, und forderte unter'm 19. April 1757 den geheimen Kriegsrath von Haller auf, denselben beobachten und, falls er sich nicht legitimiren könne, sofort verhaften zu lassen. Er habe Befehl hiezu aus Wien erhalten. Haller that, wie ihm befohlen worden, und ließ den Mayr, als er sich nicht legitimiren konnte, verhaften und auf die Hauptwache bringen. Hier wurde Mayr scharf bewacht und dann unter Bedeckung einer Abtheilung des Kreis-Contingents nach Regensburg und von da zu Wasser nach Linz gebracht.

Alle Gegenvorstellungen Ebner's halfen nicht. Zuletzt verlangte Mayer gar noch, man soll ihm das nürnbergische Contingent überlassen. „Was kann denn die Stadt machen" sprach er, „wenn ich es mit Gewalt abholen wollte. Die Bevölkerung ist gut preußisch, und ich werde mich nicht daran kehren, wenn auch 6000 Mann fränkischer Truppen beisammen stehen sollten. Uebrigens werde ich Nürnberg nicht angreifen, aber meine Maßregeln nach den Schritten nehmen, die die Stadt gegen mich thun wird."

Nachts 3 Uhr traten Ebner und Haller den Rückweg an, nachdem Mayer in ihrer Gegenwart dem Pfleger zu Hersbruck zuvor noch befohlen hatte, dem wachehabenden Offizier die Thorschlüssel zu behändigen. Als Ebner dagegen protestirte, ließ Mayer die Schlüssel zwar im Schlosse, aber er nahm sie auf sein eigenes Zimmer.

Nach der Zurückkunft der Deputation versammelte sich der Rath. Es wurde beschlossen, die Kreisversammlung abermals um Beistand anzugehen „was in hoc frangenti, wo die Gefahr vor der Thür, zur Conservation der Stadt zu thun sei." Die hochgedachte Versammlung aber hielt es für dienlicher, in einer so hochwichtigen Angelegenheit die Vorstellungen der Stadt schriftlich zu erfordern. Das geschah, und zwar mit der Bitte: „hochlöblicher Convent möge sich vernehmen lassen, ob sie wollten und könnten in hoc frangenti Vertheidigungs-Mittel vorlegen, welche hinreichend wären, Stadt und Landschaft vor der obschwebenden Gefahr sattsam zu schützen."

Dieses Ansuchen des Magistrats nahm das wohllöbliche Collegium der Kreisgesandten hinwider ad referendum und zur Berichterstattung an ihre Prinzipalen. Unterdessen schickte der Rath, da die Ereignisse drängten, den Hauptmann Haller an Mayer, mit der Bitte, dieser möge nur noch so lange Geduld haben, bis eine Deputation mit einer näheren Resolution zu ihm kommen werde. Dieselbe ging am Mittwoch dem 25. Mai eine Stunde nach Mitternacht nach Hersbruck ab und bestand abermals aus Ebner und Haller. Sie hatten den Auftrag, dem Mayer zu erklären, daß die Kreisgesandten stündlich näheren Instruktionen ihrer Prinzipale entgegen sehen und daß Nürnberg beschlossen habe, nichts zu bewilligen, was seinen Pflichten gegen den Kaiser, das Reich und den Kreis widerstrebe. Mayer ließ sie nicht ausreden, sondern unterbrach sie mit den Worten: „Also ist es Nichts! Meine Dispositiones sind gemacht; machen Sie die Ihrigen."

Nach diesen Worten ließ er bataille blasen und den Marsch

nach Nürnberg antreten. Er zahlte noch verschiedene Auszüge und Conti und setzte sich dann zu Pferd mit der Erklärung, daß gleich ein Husar kommen werde, um die schuldigen Douceurs abzufordern. Den Deputirten ließ er sagen, sie könnten ganz frei mitten durch sein Corps passiren und ihn dann in seinem Quartier zu Nürnberg, welches er freilich noch nicht wüßte, besuchen.

Ebner und Haller hielten sich noch eine kleine Weile zu Hersbruck auf. Sie waren Zeugen, wie ein Infanterie-Hauptmann mit 10 Husaren kam und die Douceur forderte. Dieselben betrugen 3634 fl. 37 ½ kr. Die Deputirten machten Gegenvorstellungen gegen eine solche Forderung, die das armen Städtchen nicht befriedigen könne. Der Hauptmann wollte aber davon nichts wissen und nahm den Pfleger mit sich, um beim Oberstlieutenant weiter darüber zu sprechen. Dieser blieb auf seiner Forderung stehen und verlangte, die Douceurs sollten in Ducaten bezahlt werden. Da es dieselben nicht gab, wurden die Douceurs in Carolins ausbezahlt, die er aber nur zu 10 fl. annahm. Zu diesem Preise vertheilte er sie auch unter seine Officiere. Er äußerte, auch für die Gemeinen könnte er Douceurs fordern und zwar 10 bis 15 Kreuzer für den Mann. Als man eine Quittung von ihm verlangte, versetzte er, Douceurs würden nicht quittirt. Dagegen verlangte er ein Attest über gute Mannszucht.

Von den Douceurs trafen auf den abwesenden General 100 Carolins, Mayer 50 Carolins, von Kalben 50 Ducaten, 2 Husarenrittmeister à 20 Ducaten, 12 Capitains à 12 Ducaten, 36 Subalternofficiere à 3 Ducaten, dann auf Major Salomon und einige andere Officiere 209 fl., so daß die Douceurs, die Einbuße an den Carolins und Laubthalern eingerechnet, 3634 fl. 37 ½ kr., der ganze Schaden aber, den Hersbruck erlitt, 5589 fl. 46 ½ kr. betrug.

Beim Abmarsch aus Hersbruck (25. Mai) führten die Preußen 30 Bagage-Wägen mit sich, desgleichen viele Vorspannen, 10 Carossen und eine große Anzahl von Reit- und Handpferden. Ihre Husaren waren gut beritten, die Truppen gut montirt und ziemlich disciplinirt. Die Mannszucht verdiente Anerkennung. Ein Hauptmann, der von einem Hersbrucker Bürger 10 fl. erpreßte, wurde in Arrest gelegt. Sie zahlten, die Verpflegung ausgenommen, alles, was sie sonst noch brauchten. Mit dem nürnberger Gebiet gingen sie ziemlich glimpflich um, während sie anderwärts große Exzesse verübten, nichts bezahlten, und, wie wir später sehen werden, Alles mitgehen ließen, was ihnen in die Hände fiel. Uebrigens haben sie auch im nürnberger Gebiete ihre Bedürfnisse zum größten Theil mit dem Geld bezahlt, das sie als Douceurs erpreßten.

Auf dem Marsche zeigten sie außerordentliche Vorsicht: sie besetzten jeden Weg, jedes Defilee, jede Brücke. Ihre Husaren streiften nach allen Enden.

Am 25. Mai Vormittags 10 Uhr rückten sie in Lauf ein. Sie verlangten Verpflegung und Douceurs. Die Bürgerwache wurde sogleich abgeschafft und mit Musquetiers besetzt. Mayer nahm sein Quartier im Pflegschlosse; die beiden Freibataillons lagen im Städtchen, während die Husaren in Heuchling und Rückersdorf sich einquartierten. Mayer verlangte 1150 fl. Douceurs und ein Attestat über gute Mannszucht. Beides erhielt er. Die Husarenofficiere in Heuchling und Rückersdorf verlangten ebenfalls Douceurs, in Heuchling 3 Carolins, in Rückersdorf 100 fl. Lauf, Heuchling und Rückersdorf berechneten ihren Schaden auf 3285 fl.; außerdem mußte Lauf für Wein und Speisen noch eigens 126 fl. 49 kr. auslegen.

Von Lauf zog Mayer am 26. Mai eiligst gegen Nürnberg. Hauptmann Haller wurde vom Rath, Oberstlieutenant von Oelhafen vom Kreisconvent abermals an Mayer abgeschickt, um ihn zur Einstellung des Vormarsches zu bewegen. Er ließ sich aber nicht mehr aufhalten, und zog über Mögeldorf nach St. Jobst. Um 9 Uhr Morgens erschienen preußische Husaren an der Wache bei den drei Linden, Einlaß begehrend. Der wachhabende Unterofficier öffnete aber den Gatter nicht, worauf sie sich gegen die Heroldsberger Straße wendeten. Um dieselbe Zeit kamen Husaren-Abtheilungen an die Schanze beim Wöhrder Schießhaus, an's Wöhrder Schänzlein und an die äußere Wache auf der Lauferstraße. Als sie überall abgewiesen worden, theilten sie sich: Ein Theil überstieg die äußern Schanzen und Linien mit bewehrter Hand, ohne einen Widerstand zu finden; ein anderer drang durch das Wasser in die Linien und bis vor das Lauferthor, vor dem sie Posto faßten. Es waren die grünen Husaren der zweiten Eskadron vom Zekel'schen Regiment, befehligt vom Rittmeister Aschar. Sie standen am Holzschuher'schen Garten.

Mittlerweile drangen andere Husaren durch die Gattern bei den drei Linden. Der markgräfliche Wildmeister zu Mögeldorf hatte ihnen als Führer gedient. Alles drängte nun gegen das Lauferthor. Sie kämen als Freunde, sagten sie, und nicht als Feinde. Ein Officier stieg auf den Wall vor dem Lauferthor und stellte Posten aus. Sie verlangten, man soll ihnen die Gattern öffnen, sie möchten bloß um den Stadtgraben marschiren. Als ihr Verlangen erfüllt war, stellten sie an den Gattern vor dem Vestner-, Thiergartner-, Neuen- und Hallerthor je 2 bis 3 Posten auf; auch ließen sie nach allen Richtungen patrouilliren; der größte Theil der Husaren aber blieb in seiner Stellung vor dem Lauferthor.

Die Infanterie lagerte sich am Gleishammer, und in der Tullnau und Umgegend. Gegen Abend erschien Mayer bei den Drei Linden und quartierte sich im Bretzengarten ein.

Spät Abends um 10 Uhr wurde noch der Einlaß am Hallerthürlein mit einem starken Posten und eine Stunde später die Vorstadt Gostenhof durch 80 Husaren besetzt. Auch vor das Spitlerthor kam ein Posten.

Die Thore und Avenue blieben von außen besetzt, während die Patrouillen rings um die Stadt und um die Linien sich herumzogen. Bald zogen sie sich zusammen, bald sprengten sie wieder auseinander. Namentlich hielten sie das Hallerthürlein und den dortigen Einlaß scharf im Auge. Wenn sie zurückgewiesen wurden, sprengten sie die Haller-Wiese hinab, und aus derselben setzten sie durch die Pegnitz. Tag und Nacht alarmirten sie die Stadt, so daß die Besatzungsmannschaft sehr ermüdete, weil keine Ablösung, oder nur auf kurze Zeit stattfinden konnte. Alle Felleisen der Postillons, die reitenden und fahrenden Posten, die Estaffeten und Couriere der Kreistagsgesandten und überhaupt alle Personen, die ihnen vor den Thoren begegneten, wurden genau visitirt.

Am 27. Mai quartierte sich ein großer Theil der Husaren im Holzschuherischen und Stromerischen und in anderen Gärten vor dem Lauferthore ein. Die Infanterie aber blieb an ihrem alten Lagerplatz. Bei der Nacht zündete sie eine Menge Wachtfeuer an. Auf diesem Lagerplatz stand auch die Artillerie des Freicorps, bestehend aus vier kleinen Stücken und einer großen Kanone.

Am 28. Mai versuchten ein Husaren-Rittmeister und seine Leute den Gatter beim Hallerthürlein zu öffnen. Als er zurückgewiesen wurde, drohte er im Wegreiten: „Ich will doch noch einen Weg finden." Dann sprengten sie in die Hallerwiese und durch die Pegnitz.

Desselben Tages arretirten sie auf offener Landstraße den Ansbachischen Obersten und Kammerherrn von Reitzenstein*) der mit einem Spezialauftrag der kreisausschreibenden Fürsten, sich nach Nürnberg begeben wollte, desgleichen den Pfleger bei hl. Kreuz Burkhard Albrecht Haller. Dieser kam um 8 Uhr von einer Reise aus Neuburg zurück und wollte in seine Wohnung bei hl. Kreuz außerhalb des neuen Thores fahren. Da aber die Thore schon gesperrt waren, ließ er seine Kutsche bei der kleinen Weidenmühle durch die Pegnitz fahren; er selbst und seine Frau gingen mit dem Notar Recknagel und dem Bedienten Georg Paul Riebel zu Fuß über den Steg. Am Eingange zur Hallerwiese stand eine Truppe Husaren, und unter ihnen Mayer. Sie fragten die Ankommenden nach Namen und Herkommen. Zu dem Haller sagten sie, er müsse mit ihnen in die Johanniskaserne gehen „um ihn über seine Genealogie Einiges auszufragen"; in einer halben Stunde werde Alles vorbei sein. Haller, der damals schon sehr leidend war, und Recknagel mußten sich in die Kaserne verfügen. Mayer fragte den Pfleger vom hl. Kreuz, ob er von der Branche des Kriegsrathes von Haller sei*). Als der Gefragte verneinte, versetzte Mayer, das schade nichts; er habe noch andere Dinge mit ihm zu sprechen, und werde ihn in seiner eigenen Kutsche in's Hauptquartier führen lassen. Er hatte dasselbe am nämlichen Tage vom Bretzengarten nach Kleinreuth verlegt. Dahin wurde nun Haller abgeführt, und zwar in Begleitung Recknagels und des Bedienten Riebel.

Die beiden Gatter am Lauferthor wurden besetzt und allenthalben Posten ausgestellt. Mayer forderte freie Passage an allen Gattern; sie seien als Freunde, nicht als Feinde gekommen. Das Mißtrauen Nürnberg's sei ungerechtfertigt. Die wachhabenden Officiere ließen sich aber nicht irre machen; denn sie müßten ihrer Ordre strenge nachkommen. „Da thuen sie recht" antwortete Mayer und ritt davon.

---

*) Die Kreisversammlung verlangte seine Freigebung. Mayer erwiderte, Reitzenstein habe die Position seiner Husaren gesehen „und eigene Dessins auszuführen gehabt." Statt ihn freizugeben, ließ er ihn unter Bedeckung nach Böhmen abführen. Aber auf der Durchreise zu Bayreuth gelang es Reitzenstein, den Schutz der dortigen Regierung anzurufen und dadurch seine Freiheit wieder zu erlangen.

*) Kriegsrath Haller gehörte zu denjenigen, die jedes Abkommen mit Mayer verwarfen und namentlich von einer Neutralitätserklärung nichts wissen wollten. Auch war er es, der den Hauptmann Mayr verhaften ließ.

Am 28. Mai verließen die Husaren zu Gostenhof ihre Quartiere. Ehe sie abzogen, verlangten sie vom Mondscheinwirth und von der Glockenwirthin 50 Ducaten Douceurs, oder sie werden die Vorspannpferde zurückbehalten. Darauf zogen sie in die Johanniskaserne, um sich mit der Infanterie zu vereinigen, die dort Quartier bezogen hatte. Die beiden Freibataillons waren nämlich in's Hauptquartier nach Kleinreuth marschirt; in der Johanniskaserne aber hatten sie eine Abtheilung zurückgelassen. Abends erfolgte im Hauptquartier ein Stückschuß, worauf Cavallerie und Infanterie gegen die Stadt und St. Johannes marschirte. Das geschah auch die folgenden Tage, wahrscheinlich in der Absicht, die Stadt und ihre Besatzung zu alarmiren und mit einem Angriff zu drohen.

Sie waren recht ärgerlich, daß man sie nicht in die Stadt ließ. Und mit Gewalt einzudringen, das ging eben auch nicht. Die Officiere und Soldaten, die an der Weidenmühle postirt waren, sagten wiederholt zu den Vorübergehenden: „Wir möchten doch wissen, was die Herren von Nürnberg für Ohrenbläser haben, daß sie uns nicht hinein lassen wollen; wir möchten gern ein und anderes kaufen. Und wenn wir nur die österreichische Werbung heraushätten⁷).

Wenn die Nürnberger Patrouillen ausschickten, wollten die Preußen es nicht dulden. „Wir können es nicht zugeben, daß ihr Nürnberger uns vor der Nase herumreitet. Wartet nur, es wird schon noch anders gehen!" also riefen die am Galgenhof postirten Preußen den städtischen Patrouillen zu. Diese erwiderten, es sei ihre Schuldigkeit, in der sie sich nicht irre machen ließen.

Am 29. Mai wurden die Bauernwachen zu Steinbühl, Galgenhof und St. Peter von den Preußen besetzt, und marschirten starke Infanterieabtheilungen von Kleinreuth gegen das Westner- und Thiergärtnerthor. Die Leute zu Steinbühl und im Tafel- und Galgenhof fingen an, schwierig zu werden; denn sie wurden mit starken Requisitionen gequält. Das Gleiche war am Schiebelsberg und Schoppershof und in der dortigen Umgegend der Fall. Hier fielen große Exzesse

---

⁷) Diese lag schon seit dem 23. Mai in der Stadt. Denn als der Hauptmann derselben, Namens von Zizwitz, gehört hatte, daß die Preußen im Anmarsche seien, ersuchte er alsbald den Rath um die Erlaubniß, seine Werber und Recruten aus der Vorstadt nach Nürnberg legen zu dürfen. Er erhielt sie und wurde im Wirthshause zu den Zwei Räblein am Fischbache einquartirt.

vor. Unter Andern hieben sie dem Consulenten von Marperger alle Thüren seines Landhauses im Schiebelsberge ein. Als dieses geschehen, drangen sie in des Consulenten Weinkeller und tranken 9 Eimer Wein. Ueberall verlangten sie freie und gute Verpflegung und hohe Douceurs. Sie waren deßhalb guter Dinge und vertrieben sich die Zeit mit Tanzen, Singen und Lärmen.

Je länger das Freicorps vor Nürnberg liegen mußte, ohne eingelassen zu werden, desto mehr Excesse verübte es. Am 30. Mai drangen die Husaren mit Gewalt in die Weidenmühle, wobei sie Thüren und Fenster zerhieben. Sie wollten die nürnbergischen Patrouillen nicht mehr passiren lassen und fällten das Gewehr gegen dieselben, mit der Drohung, zu schießen, wenn sie noch einmal kommen. Desselben Tages wurden im Graben unter dem Vestnerthore 5 Leitern gefunden. Man glaubte die Preußen hätten sie herbeigebracht, um Nachts über die Mauern zu steigen und in die Stadt zu bringen. Das erregte nicht geringe Bestürzung.

Am 30. Mai wurden die Posten am Neuen- und Lauferthor sowie auf der Hallerwiese eingezogen und nur beim Grundherrischen und Hallerischen Garten je ein Posten belassen, dagegen ließ Mayer das Schänzlein am Mohrenkopfzwinger besetzen. Die unmittelbar vor der Stadt postirten Truppen und die in der Johanniskaserne liegende Infanterie zogen nun zum Großreuthergätterlein hinaus und concentrirten sich zum Theil in Großreuth, zum Theil in Wetzendorf. Vor dem Abmarsch von ihren Posten kamen noch viele Offiziere an die Thore, mit der Bitte, man möge ihnen Meerschaum-Pfeifenköpfe, Pantoffel, Pfeifen, Stiefelrohre und dergleichen einkaufen. Dieses wurde ihnen gestattet; eingelassen wurden sie aber nicht, Mayer war damals im Buirete'schen Garten vor dem Neuenthor. Am nächsten Tage verlangte er, man soll ihm Champagner, Kapaunen, Kalbsbraten und Schinken in sein Hauptquartier nach Kleinreuth schicken. Am 31. Mai machte er einen Versuch, ob man ihn nicht in die Stadt lassen wolle. Er kam schon Morgens 6 Uhr mit 3 Bedienten, 6 Pferden und einem Offizier an's Thor, unter dem Vorgeben, er wolle die Pferde beschlagen lassen. Man ließ ihn vor dem Thore stehen. Das wurde ihm aber zu lange und er ritt mit den Worten davon, er habe nur dem Obersten von Delhafen und dem Oberstlieutenant Hartung einen Besuch machen wollen. Es kamen auch noch andere Offiziere, um Einlaß bittend; es wurde ihnen aber abgeschlagen.

Auf die Vorstadt Wöhrd hatten die Preußen gleich bei ihrem Anmarsch ihr Hauptaugenmerk gerichtet. Sie sahen ein, daß dieselbe ein guter Stützpunkt für sie sei. Denn sie war durch vier Thore, und überdieß durch Pallisaden und den Pegnitzfluß geschützt. Am 26. Mai zeigten sich schon früh Morgens einzelne Abtheilungen, bald beim Stöckelgarten, bald beim Mögeldorfer-, Wollen- und Wasserthor, wo sie überall Einlaß begehrten, aber von den wachhaltenden Bürgern abgewiesen wurden. Man soll sie, sagten die Soldaten, zu ihrem Commandanten lassen, der vor dem Lauferthor einquartiert sei. Es waren Abtheilungen der Freibataillons, die am Gleishammer lagen. Sie zogen ab, ohne Gewalt zu brauchen. Am 27. Mai forcirte eine Truppe Husaren das sog. Stadtthor zu Wöhrd eine Viertelstunde lang. Sie verlangten Essen, Trinken und Fütterung. Als sie sahen, daß sie nichts ausrichteten, stellten sie sich vor dem Stadt- und Wallerthor auf und ließen Niemand aus noch ein. Das Wasser- und Mögeldorferthor jedoch ließen sie unbesetzt, so daß die Leute passiren und Lebensmittel in die Vorstadt bringen konnten. Zwei Tage später kam der Rittmeister von Aschar an's Stadtthor und verlangte Quartier für seine Husaren. Geschehe das nicht innerhalb einer Stunde, so werde er sich in den benachbarten Gärten mit Gewalt einquartieren. Der Rath zu Nürnberg, bei dem indeß angefragt wurde, was zu thun, erlaubte die Einquartierung. Also wurde das Stadtthor Abends 9 Uhr geöffnet. Die Husaren zogen alsbald ein, besetzten die Thore und nahmen Quartier in den Wirthshäusern; der Rittmeister logirte im Schwane. Als die Husaren einzogen, verließen die nürnbergischen Milizen, die noch zu Wöhrd waren, ganz im Stillen und unvermerkter Weise ihre Posten, sich nach Nürnberg zurückziehend. Die zu Wöhrd einquartierten Husaren versahen die Posten vor dem Lauferthor und mußten von der Vorstadt verpflegt werden. — Am 28. Mai verlangte der Rittmeister, man soll ihm für Quartier und Verpflegung die noch einige Tage dauern könnten, ein Douceur geben; er wolle dann gleich abziehen, nichts mehr verlangen, und auch keinen Husaren mehr hereinlassen. Nach langem Hin- und Herreden einigte man sich nun 20 Carolins, die der Rittmeister seinem Lieutenant von Frankenberg zustellte, um sie unter die Husaren zu vertheilen. Er selbst verlangte für sich nichts, und zog seine Leute von den drei Thoren zurück; nur das Thor gegen Nürnberg — das Stadtthor — hielt er besetzt. Auch hielt er sein Wort, und ließ weder die Husaren noch die beutelustige Infanterie in die Vorstadt. In den benachbarten Gärten waren 40 Mann unter Cornet Heim zurückgeblieben; diese ließen sich's wohl sein, und verlangten gute Douceurs, als sie am 30. Mai abmarschirten. — Nach dem Abzug der Husaren wollte die Infanterie Quartier nehmen; aber die Bürger thaten sich zusammen und 2 Compagnien stark besetzten sie die Thore der Vorstadt, um die Freibeuter abzuhalten. Sie hofften, man sollte ihnen von Nürnberg reguläres Militär zu Hilfe schicken. Es geschah aber nichts; viele hatten nicht einmal ein Gewehr, Viele weder Pulver noch Blei. Und doch waren sie alle vom besten Muth beseelt; nur einiges reguläre Militär wenn ihnen zur Seite stünde, so wollten sie die Dränger leicht verjagen. Das war ihr voller Ernst. Aber Nürnberg, das damals über ein Contingent von 3000 Mann gebieten konnte, that nichts für die muthigen Leute, und ließ die Handvoll Preußen schalten und walten, wie sie wollten. Die Infanterie, die am Gleishammer stand, zog sich immer näher an Wöhrd heran, so daß es ganz umzingelt war und nur das Schänzel am Schießhause unbesetzt blieb. Dazu kam, daß der Pöbel der Vorstadt, der männliche und der weibliche, zu den Preußen lief, mit ihnen aß und trank und den Augenblick kaum erwarten konnte, wo es zum Plündern kommen sollte. Der guten Haltung der Bürgerschaft und den Anordnungen des nürnbergischen Hauptmanns Braun und des Gerichtsschreibers Leykam war es zu danken, daß es nicht zum Aeußersten kam. Ueberhaupt haben diese beiden Männer unter den schwierigsten Verhältnissen und mit großer Selbstaufopferung für den Schutz und die Sicherheit der Vorstadt gesorgt. — Von Wöhrd aus streiften die preußischen Husaren bis Buch, Kraftshof, Grünblach und Tennelohe, überall Douceurs fordernd.

2. Nürnberg's Vertheidigungsanstalten und Unterhandlungen mit Mayer.

Während die Preußen an die Thore Nürnberg's klopften, seine Vorstädte besetzten, und in seinem Gebiete umher streiften, was geschah wohl im Innern der Stadt, um die unwillkommenen Gäste abzuhalten oder zu verjagen? Auf diese Frage geben wir nachstehenden Bericht:

Nürnberg hatte schon Mitte Mai die Nachricht erhalten, daß ein preußisches Corps aus Böhmen gegen die Oberpfalz im Anzuge sei. Zu gleicher Zeit kamen Flüchtlinge, selbst aus Böhmen, die ihr Hab und Gut nach Nürnberg in Sicherheit bringen wollten. Sogleich erließ der Rath an die Pfleger auf dem Lande den Befehl, allenthalben Kundschaft einzuziehen und fleißige Vigilanz zu halten. In Hersbruck lagen damals zwei Eskadronen Kuirassiere unter dem Commando des Majors Karl Kreß von Kressenstein. Dieser erhielt unterm 18. Mai vom Rath die Ordre: Kommen Marodeurs — für solche hielt man die anrückenden Preußen, — so soll er sie wegjagen; komme aber reguläres Militär, so soll er keinen Widerstand leisten, sondern sich nach Nürnberg zurückziehen; Hersbruck aber soll dann seine Thore schließen. Zwei Tage später erhielt Kreß den Befehl, seine Eskadronen nach Nürnberg zu führen. Hier wurden sie anfangs auf dem Plärrer und in der Bärnschanze aufgestellt.

Je näher die Preußen kamen, desto unheimlicher wurde es der guten Reichsstadt. Der Rath ließ am 22. Mai die unter dem Laufer- und Frauenthor und am Rathhause angeschlagenen kaiserlichen Avocatorien in aller Stille abnehmen, die Stadtthore und Thürlein mit Mannschaft besetzen und die äußeren Posten vor dem Frauen- und Lauferthore verstärken. Allenthalben wurden Schildwachen aufgestellt, alle Zugbrücken aufgezogen und der Einfluß der Pegnitz an beiden Seiten scharf bewacht. Mehr als 2 oder 3 Personen durften die Thore auf einmal nicht passieren; und wer eintrat wurde genau examinirt.

Die Kreiskürassiere und die Fürerische Dragoner-Compagnie streiften und patrouillirten nach Mögeldorf, St. Jobst, Schlebelsberg und Weigelshof. Den Offizieren in der Bärnschanze, im Campement beim Bleicherweiher und in der Kaserne bei St. Johannes, wo die Kreis-Infanterie einquartiert war, wurde die Ordre ertheilt, die Preußen nicht anzugreifen, sondern Gewalt und Angriff vorerst abzuwarten. Als am 25. Mai die Nachricht kam, die Preußen seien in Lauf, wurde die ganze Kreismiliz zu Roß und Fuß, ausgenommen die in der Festung Lichtenau liegende Geuderische Dragoner-Compagnie, in die Stadt hereingezogen. Das Gleiche geschah mit den auf das Land gesendeten Ordonnanzen. Die Gassenhauptleute wurden durch die Viertelmeister zusammengerufen und ihnen bekannt gegeben, daß die Hereinziehung der Milizen wegen des Anmarsches der Preußen erfolgt sei; die Bürger sollen sich still und ruhig verhalten, in den Wirthshäusern und anderwärts keine unschicklichen Reden führen und unnöthiger Weise oder aus Neugierde nicht vor die Stadt gehen. Der Einlaß und die Thore wurden geschlossen; nur ein einziges blieb offen, um Schlachtvieh, Victualien und Kaufmannsgüter einzulassen.

Die zu Nürnberg liegenden regulären Truppen bestanden aus dem nürnbergischen Kreiscontingent und aus einigen anderen Kreistruppen; darunter waren die Kuirassier-Eskadronen unter dem Commando der Herren von Kreß und von Seehausen, die Fürerische Dragoner-Compagnie, 12 Compagnien Infanterie und einige Artillerie, im Ganzen etwa gegen 3000 Mann. Die Kressischen Kuirassiere wurden beim Neuenthor in den Wirthshäusern zum schwarzen Bären, schwarzen Kreuz, weißen Rößlein, im Sternhof und goldenen Schlüssel, die Seehausen'schen beim Lauferthor in den Wirthshäusern zum goldenen Roß, silbernen Herz, goldenen Herz und rothen Ochsen, und die Fürer'schen Dragoner beim Frauenthor in den Wirthschaften zum Lindwurm, goldenen Bären, weißen Kreuz und Weinstöcklein einquartiert. Die Infanterie campirte anfangs auf der Schütt, bei den Karthausern, im Zeughausgraben und auf dem Schwabenberg, und später, als sie die Thore, das Zeughaus und die Posten besetzen mußte, nur noch auf der Schütt. Beim Zeughaus war ein Offizier mit 40 Mann und hinten am Färbersbrücklein ein Corporal mit 7 Mann aufgestellt. Im Zeughause selbst standen der Zeugwart, 5 Feuerwerker und 6 Büchsenmeister bereit; seine Thore und Thüren waren verschlossen; vor demselben standen zwei mit Kartätschen geladene Geschwindstücke, die nöthige Munition und die übrigen zu einem Kampf erforderlichen Requisiten.

In dieser Fassung wurde der Ankunft der Preußen entgegengesehen. Als sie dann am 26. Mai vor den Thoren Nürnberg's erschienen, wurden die Bürgerkapitaine und Gassenhauptleute auf ihre Pflichten aufmerksam gemacht, womit sie für die Sicherheit der Stadt zu wachen hätten. Die Mannschaften des Kreiscontingents wurden in den Zwingern aufgestellt und zu den verschiedenen Posten und Wachen verwendet. Nun erhielten auch die Bürgercompagnien den Befehl zur Marschbereitschaft. Der Einfluß der Pegnitz und der Mohrenkopfzwinger wurden stark besetzt.

Am 28. Mai zogen drei Bürgerbataillons auf die Alarmplätze; ein Theil wurde in die Zwinger vertheilt. Mehrmals erhielten sie scharfe Patronen. Die Cavallerie rückte an die Thore, und zwei Bürgercompagnien zu Pferd waren beständig auf dem Markt aufgestellt, um Patrouillen in die Stadtviertel und Gassen zu entsenden. Die gesammte Bürgerartillerie wurde auf die Hauptthürme vertheilt. Alle in denselben aufgestellten Stüke waren scharf geladen, und was an Haubitzen vorhanden war, wurde, mit Ausnahme der vor dem Zeughaus aufgestellten, in die Zwinger und Thürme geführt, mit Hagel geladen, und ebenfalls von der Bürgerartillerie bedient. Auf jedem der äußern Thorthürme befanden sich Genannte oder Mitglieder des größeren Rath's mit je 3 Ordonnanzen. Die Kreiscavallerie und die Einspännigen hielten sich mit gesattelten Pferden bereit, und zwar die Einspännigen unter dem Rathhaussaale. Im Rathhause selbst standen fortwährend 4 Ordonnanzen, 2 zu Pferd, 2 zu Fuß. Nun wurden auch die vor der Stadt ausgestellten Vorposten wieder zurückgezogen.

Am 29. Mai standen 8 Bürger-Compagnien in den Zwingern und 2 in und vor dem Rathhaus. Ein Cavallerie-Commando von 34 Mann stellte sich vor dem Frauenthore auf und entsendete Patrouillen. Diese waren es, die auf die Preußen stießen und von ihnen nicht geduldet werden wollten. Damals wurden auch die Sturmblöcke auf die Zwinger gelegt.

Trotz aller dieser Anstalten und der nicht unbedeutenden Widerstandsmittel war, wie es scheint, wenig Neigung zur Gegenwehr vorhanden. Die große Ausdehnung der Werke, die nur schwach, zum Theil auch gar nicht besetzt werden konnten, die durch den ununterbrochenen Dienst ermattete Mannschaft, welche nicht abgelöst werden konnte, und die Haltung eines Theiles der Bürgerschaft, der zum Widerstand nur geringe Lust zeigte, ja sogar sehr preußenfreundlich gesinnt war, flößten kein großes Vertrauen ein und ließen nicht viel Gutes erwarten, wenn es zum Kampfe kommen sollte. Die Offiziere und der größte Theil der Milizen waren zwar von gutem Geist erfüllt und freudigen Muthes, aber bei den Bürger-Compagnien war in dieser Hinsicht wenig Trost zu finden; und vor Allen zeigte der Rath selbst nicht die Energie und den Eifer, den man billig von ihm erwarten konnte. Er ließ den Offizieren wiederholt sagen, sie sollten ja nicht offensiv vorgehen und die Gewehrhähne in die Ruhe stellen, damit durch das Losgehen eines Schusses nicht etwa Alarm entstehe.

Ueberhaupt hatte der Rath kein rechtes Vertrauen auf seine Waffen; er meinte immer, Andere sollten ihm helfen, oder er könnte sich durch Unterhandlungen mit Mayer aus der Schlinge ziehen, wie er denn auch wirklich that und mit demselben seit seinem Eintreffen vor den Thoren der Stadt in steter Verbindung und Correspondenz stand. Zu gleicher Zeit drang er aber auch ohne Unterlaß in das Kreisdirektorium, es soll der Stadt die Kreishilfe zuwegen bringen. Was in diesen beiden Richtungen gehandelt wurde, soll hier in Kürze angedeutet werden.

Zuerst wendete sich der Rath an das Kreisdirektorium mit der Anfrage, ob man ihm Kreishilfe leisten wolle. Er sei befugt, Aufschluß hierüber zu verlangen, da er alle Anstalten zum Schutze der Stadt getroffen, in der die Reichskleinode verwahrt werden, und der Kreisconvent, das Zeughaus, das Archiv und manch' Anderes sich befinde, das den Kreis angehe. Das Directorium hielt darüber Session, konnte aber „ob defectum instructionis" weiter nichts beschließen und in's Werk setzen, als daß Mayer durch Oberst Oehlhafen nomine circuli von allen weiteren Thätlichkeiten abgemahnt werden sollte. Oehlhafen soll jedoch zu dieser Mahnung „keineswegs einige ausdruckſame Commination beifügen". Dem Rath wurde bedeutet, das Gesuch, welches er dem Kreisconvent schriftlich überreicht hatte, sei injuriös; er soll ein anderes Promemoria einreichen, das in anständigerem Tone gehalten sei. Er hatte nämlich eine wirkliche und keine papierne Hilfe verlangt. Er reichte also noch einmal eine Vorstellung ein, worauf er am 26. Mai den Bescheid erhielt, Nürnberg soll in seinen Unterhandlungen mit Mayer vom Kreis-Nexus ja nicht abgehen, und auf Neutralität sich auf keinen Fall einlassen; denn die Gesandten erwarteten stündlich „Instructionen"*) von ihren Principalen. Es soll daher seine Vertheidigungsanstalten eifrig fortsetzen; das Uebrige überlasse man der „Prudence" des Rathes. Auch der kaiserliche Minister von Widmann, der sich damals zu Uffenheim und im Würzburgischen aufhielt, bestürmte den Rath ohne Unterlaß mit seinen Briefen und Mahnungen, sich an den Kreis anzuschließen. Würzburg, Bamberg und Brandenburg-Onolzbach hätten sich wegen der Kreishilfe bereits geeinigt. Daß sich Nürnberg mit Mayer in Particular-Unterhandlungen eingelassen, müsse er höchlich mißbilligen; und daß es Neutralitäts-Propositionen angehört, sei ganz und gar zu verdammen. Zum Schluſſe drohte er mit des Kaisers Ungnade. — Der Kriegsrath von Haller suchte in seiner Antwort vom 27. Mai

---

*) Papier, aber keine thatsächliche Hülfe.

das Benehmen Nürnbergs zu entschuldigen; es sei von aller Kreis- und Reichshilfe verlassen; die Zufuhr werde ihm allerseits abgeschnitten; und dann sei auch noch nichts Bestimmtes proponirt worden; man habe sich aus der schlimmen Lage nur möglichst herauszuwickeln versucht, um die Stadt, in der die Reichskleinode und die Kreisgesandten seien, vor Gefahr zu schützen und die über Mangel klagende Bürgerschaft in Geduld und patriotischer Gesinnung zu erhalten.

Da Nürnberg's Vorgang von jeher auch auf die übrigen Kreisstände wirkte, gaben sich die Gesandten alle mögliche Mühe, um es von einseitigen Verhandlungen mit Mayer abzuhalten, und zu verhindern, daß es seinen Verpflichtungen gegen Kaiser, Reich und Kreis untreu werde. Der Anordnungen, Nürnberg zu helfen, wurden mehrere getroffen. Unter Andern schrieb der bambergische Kreisdirectorialgesandte von Dietz an den Commandanten der Festung Forchheim, Herrn von Redwitz, er soll unverzüglich gegen Nürnberg aufbrechen und die Preußen verjagen. Redwitz hatte über 2000 Mann unter seinem Befehle, ohne den Landesausschuß, der sich in die Festung geworfen und zur ernstlichen Vertheidigung bereit war. Er antwortete dem Herrn von Dietz, daß er keine Ordre habe, Nürnberg zu Hilfe zu kommen, daß er aber sogleich um Verhaltungsmaßregeln nachsuchen und gegebenen Falles zum Succurs heranziehen werde. Uebrigens komme es ihm vor, „als hätten die Herrn Nürnberger keinen rechten Ernst, die Gegenwehr gegen die Preußen zu gebrauchen." Er seinerseits fürchte sich vor denselben nicht. — Von Forchheim kam keine Hilfe; wahrscheinlich erhielt der Commandant keine Ordre hiezu. — Als der Rath sich bei Herrn von Dietz nach der Antwort erkundigte, die von Forchheim gekommen, antwortete derselbe, es sei noch keine Staffete zurückgekommen; sobald sie komme, werde er sie mittheilen; vorher könne und wolle er nichts mehr sagen „denn Alles, was er mit den nürnbergischen Deputirten in seinem Zimmer spreche, werde dem Mayer hinterbracht."

Trotz der schlechten Aussicht auf baldige Kreishilfe erklärte der Rath der Kreisversammlung, er denke nicht daran, die Neutralität zu ergreifen. Die Gesandten belobten ihn deßhalb; aber groß war ihr Vertrauen auf Nürnberg und seine Standhaftigkeit dennoch nicht; dagegen empfand auch der Rath bei den Hilfsversicherungen des Kreises nur geringen Trost. Die Gesandten stellten damals die Anfrage an ihn, welche Sicherheit er ihnen geben könne; sie erhielten zur Antwort, er könne ihnen keine andere geben als er selbst habe. Diese trostlose Antwort veranlaßte mehrere Gesandte, Vorbereitungen zur Abreise zu treffen. Der Rath erklärte ihnen am 30. Mai, wenn sie abreisen, so sei ihm alle Hoffnung auf Succurs benommen, dann sei er aber auch außer aller Verantwortung, wenn er genöthigt werde, die Neutralität zu ergreifen. Und dahin könnte es kommen, wenn sie die Stadt verlassen. Vor der Hand jedoch sei er entschlossen, sich mit Mayer durch eine Geldsumme abzufinden. Es scheint, diese Drohung wirkte; es ist wenigstens nichts bekannt, daß die Gesandten abgezogen.

Ende Mai kam abermals ein scharfes Schreiben des Ministers von Wibemann, worin er Nürnberg ermahnt, standhaft zu bleiben und sich zu wehren. Die bambergischen und würzburgischen Kreis-Contingente seien im Anrücken; die anderen würden ihnen nächstens folgen. Der Rath hätte die Preußen nicht sollen so nahe kommen lassen; denn es sei ihm eine Macht von 3000 Mann zur Verfügung gestanden, womit er sie leicht hätte verjagen können.

Die zu Hersbruck und Lauf mit Mayer gepflogenen Unterhandlungen wurden nach seiner Ankunft vor den Thoren der Reichsstadt alsbald wieder aufgenommen. Am 26. Mai schickte der Rath den Ebner und Haller abermals zu ihm, und zwar in sein Quartier vor dem Lauferthor. Sie sollten ihn zum Abzug bewegen. Mayer sagte, er wolle gehen, wenn Nürnberg die Neutralität ergreife. Nun ließ der Rath einen Neutralitätsentwurf aufsetzen, der ihm noch in derselben Nacht mitgetheilt wurde; man wolle bloß sehen — hieß es im Gutachten — was er dazu sage. Mayer hielt aber den Entwurf für viel zu weitläufig; „auch verstoße derselbe gegen den Respect vor den König"; er könne eine solche Neutralität nicht annehmen. Auf eine andere Neutralität einzugehen war aber auch der Rath nicht zu bewegen. Endlich fragten ihn die Deputirten, ob er nicht Geld dafür nehmen wolle. Nun verlangte Mayer 50,000 fl., für seine Person ein Douceur von 1000 Ducaten, die Absendung eines Schreibens an den König, das ein Stabsoffizier überbringen soll, dann die Anwerbung eines Freibataillons [*]) und Sicherheit für das Geld. Als der geheime Rath Buirette aufgefordert wurde, die verlangte Caution zu leisten, ließ er erklären, nicht für einen Ducaten werde er Sicherheit leisten. Nun erklärte Mayer, es müsse der Hauptmann Haller

---

[*]) Diesen Punkt ließ Mayer bald fallen.

für das Geld gutstehen und bis zur Erlegung desselben bei ihm zurück-
bleiben, „aber nicht als Geisel, sondern nur in der Qualität eines
guten Freundes." Diese preußische Freundschaft kam dem Hauptmann
theuer zu stehen; denn sie verwandelte sich alsbald in lange Gefangenschaft.
Als der Rath Anstalten traf, das Geld herbeizuschaffen, wollte
Mayer von demselben nichts mehr wissen. Er verlangte abermals
Neutralität, die ihm ja ohnehin schon durch obigen Entwurf zugesichert
sei. Die Deputirten erwiderten, das sei nur ein „nuda propositio"
gewesen, indem sie für sich selbst die Neutralität gar nicht hätten bewilligen können. Auf dieses hin schickte er dem Rath einen neuen
Neutralitäts-Entwurf. Dagegen ordnete dieser am 28. Mai den Oberstlieutenant Fetzer an ihn ab, der ihm die 50,000 fl. und das verlangte
Douceur noch einmal anbieten soll; denn Mehreres könne Nürnberg
nicht bewilligen und zur Neutralität sich nicht verstehen. Mayer soll
das Geld nehmen und die beiden Haller, den Pfleger und den
Hauptmann freigeben. Um ihn hiezu desto geneigter zu machen, zeigte
ihm Fetzer das Patent des Hauptmanns als Adjutanten des Kreis-
Generalfeldmarschall-Lieutenants. Mayer achtete aber darauf nicht
und verlangte die frühere Deputation, nämlich den Ebner; vorher
werde er den Hauptmann nicht freigeben. — Nun wurde Fetzer am
nächsten Tag — es war der hl. Pfingsttag — abermals zu ihm geschickt, er möge wegen der Deputation noch Geduld haben; denn es
sei Festtag. Darauf erklärte Mayer, komme die Deputation nicht
heute noch, so werde er die beiden Haller augenblicklich unter Hu-
saren-Eskorte an den König schicken. — Nun ging Nürnberg auf die
Absendung einer Deputation ein, aber nur, wenn er derselben auf
Parole Sicherheit der Person zusage.

Mayer hatte dafür gesorgt, Nürnberg mürbe zu machen. Als
er sah, daß er mit Unterhandlungen nicht zum Ziele komme, schickte er
seine Soldaten als Executoren aus, die das Landvolk mit starken Requisitionen und Plackereien heimsuchen mußten. Dieses und die Gefangennahme der beiden Haller machten auf den regierenden Rath
um so größeren Eindruck, als die Stimmung innerhalb der Bürgerschaft
immer bedenklicher wurde. Am 28. Mai wurden die Genannten des
größeren Rathes oder der Bürgerausschuß zusammenberufen, um ihnen
die Lage der Stadt und ihres Gebietes und die Forderungen Mayer's
darzulegen. Man suchte ihnen die Neutralität plausibel zu machen:
das vorhandene Militär reiche nicht aus, die Preußen zu vertreiben;

und eine Reichs- oder Kreis-Armee sei nicht in der Nähe. Die Miliz der Stadt sei durch den strengen Dienst abgemattet, Handel und Wandel gestört und Mangel an Lebensmitteln zu besorgen. Die Sicherheit der Reichskleinode und Archive, des städtischen und Kreiszeughauses, sowie der nach Nürnberg geflüchteten Deposita sei gefährdet. Man könne somit der angesonnenen Neutralität nicht länger mehr ausweichen; und es seien bereits die bezüglichen Tractaten begonnen worden. Denn Mayer habe gedroht, wenn Nürnberg nicht Neutralität ergreife, so werde er gegen die Stadt und Landschaft feindlich auftreten.

Es waren 182 Genannte erschienen; 95 waren für die Neutralität; aber Mayer sei vorher noch zu fragen, wie er sie verstehe und ob sie vom König wirklich verlangt werde. In die Stadt dürfe man ihn auf keinen Fall lassen; er soll vorher seine Ordre zeigen, ehe er solche Forderungen stelle; 13 meinten, man soll Alles mit Geld abwenden, oder, wenn das nicht gehe, die Neutralität ergreifen; 9 sagten, man soll nur abwarten, ob er wirklich zu einem feindlichen Angriff schreiten werde; 14 wünschten, man möge die Sache durch Geld beilegen; 2 schlugen vor, Neutralität und Geld anzubieten; 3 wollten von keiner Neutralität wissen, man soll Geld geben, oder wenn das nicht helfe, Gewalt mit Gewalt abtreiben; einer erklärte, auf Gewalt soll man es auf keinen Fall ankommen lassen; 3 waren für Gegenwehr und Gewalt, so lange Mayer keine Ordre vorzeige; 2 meinten, es soll durch einen Courier beim König angefragt werden, ob er dem Mayer Ordre gegeben, oder man soll die Vermittlung des churbrandenburgischen Reichstagsgesandten Plotho zu Regensburg anrufen; einer meinte, Nürnberg soll lieber das äußerste abwarten, ehe es sich zur Neutralität verstehe, und 43 stellten Alles dem Rath anheim, der am Besten wissen möge, was der Stadt zum Heile gereiche. Einige andere stimmten für Abfindung mit Geld, wenn es auch mehr als 50,000 fl. betrage. Denn es sei demjenigen Theile der Bevölkerung der nichts zu verlieren habe, nicht länger mehr zu trauen; auch könne durch ein höheres Angebot viel Zeit gewonnen werden. — Das waren also die Vota der Nürnberger Bürgerschaft, die früher in mehrern Epochen ihrer ruhmvollen Vergangenheit mit den mächtigsten Fürsten Deutschlands unerschrocken den Kampf aufgenommen und ungebrochen aus demselben hervorgegangen, und jetzt nicht einmal hinter seinen starken Wällen und Mauern zur Gegenwehr gegen eine Handvoll Freibeuter sich entschließen konnte. Nürnberg bot eben, wie die Zuständen des deutschen Reiches im Allgemeinen, nichts mehr als ein Bild der jämmerlichsten Zerfahrenheit und Selbstauflösung.

Unter diesen Verhältnissen säumte der Rath nicht länger; er schickte den Ebner und Fetzer am 29. Mai Abends 8 Uhr in's Hauptquartier nach Kleinreuth. Um die Sicherheit der Deputirten festzustellen, wurde ausgemacht, daß, während diese beim Gatter am Einlasse hinausgehe, dafür zwei preußische Offiziere hereinkommen sollen. Denn die Deputirten wollten sich nicht der Gefahr preisgeben, ebenso völkerrechtswidrig gefangen gehalten zu werden, wie der Hauptmann Haller.

Die Deputirten erklärten nun dem Mayer, Nürnberg sei außer Stand, die Neutralität zu ergreifen; er soll Geld nehmen und die beiden Haller loslassen. Als er davon nichts hören wollte, schickte sich die Deputation zur Rückkehr an. Aber während des Abfahrens ließ Ebner noch einmal halten, stieg aus und machte dem Mayer die lebhaftesten Vorstellungen, daß Nürnberg sich unmöglich neutral erklären könne. Es erbiete sich aber, die angebotene Summe auf 80,000 fl. zu erhöhen. Er schien darauf eingehen zu wollen und stellte den Deputirten den Entwurf eines Schreibens zu, das Nürnberg an den König schicken sollte. Die Deputirten protestirten nach Kräften gegen ein solches Schreiben; zuletzt mußten sie es aber doch in derselben Fassung annehmen, die ihm von Mayer ursprünglich gegeben worden.

Der Secretär des geheimen Rathes von Buirette und der Premierlieutenant Süßmilch spielten eine Hauptrolle bei diesen Verhandlungen, die auch am folgenden Tage noch fortgesetzt wurden. Nachdem Nürnberg abermals, aber vergebens auf Freigebung der beiden Haller gedrungen, gab der Rath der Deputation den Auftrag „ein Ganzes zu machen und zur Abwendung aller Drangsale abzuschließen". Mayer gab die Zusicherung, er werde die beiden Haller entlassen, sobald die Conventionspunkte in Ordnung. Dasselbe schrieb er auch den Gattinen der Gefangenen, und daß sie nächstens entlassen werden sollen, sobald die königliche Entschließung anlange.

Am 31. Mai kam die Deputation noch einmal nach Kleinreuth und „machte Alles richtig". Die Convention bestimmte vorläufig die Neutralität Nürnberg's im gegenwärtigen Krieg, dann die Verpflichtung, die nürnbergischen Truppen und Kreiscontingente, die damals 1500 Mann betrugen, nicht gegen Preußen zu verwenden. In den anderen Conventionspunkten war für Nürnberg ausbedungen die Aufrechthaltung des Nexus mit Kaiser, Reich und Kreis, der baldige Abzug der Preußen aus der nürnbergischen Gegend und Landschaft und vollkommene Sicherheit der Unterthanen, die mit allen weiteren Requisitionen verschont bleiben sollen. Die Ratification des Königs wurde vorbehalten. Mayer versprach, dem König die Convention mit seinem Rapport und „unter allen möglichen Vorstellungen" vorzulegen, sich mit seinen Truppen sogleich auf ein anderes Territorium zu ziehen und daselbst die königliche Entschließung abzuwarten.

Nun wurde das vom Bulrette'schen Sekretär und Lieutenant Süßmilch entworfene Schreiben Nürnbergs an den König ausgefertigt. In demselben wurden zwar die Forderungen Mayers auf eine strikte Neutralität erwähnt, die eigentlichen Conventionspunkte aber nicht weiter angeführt, sondern mit der Bitte um Erlassung der Neutralität 80,000 fl. angeboten. Das Schreiben lautet:

Allerdurchlauchtigster 2c.

„Als Ew Königl. May. Obrist-Lieutenant und Flügel-Adjutant Johann von Mayr, am 26. huj. mit seinem unterhabenden Corps vor hiesige Stadt Nürnberg gerucket, hat derselbe von solcher die positive Erklärung:

„daß sie während gegenwärtigen im Teutschen Reich sich ent-
„sponnenen Kriegs, die exacteste Neutralitaet observiren mithin
„auch von dem sie ordentlicher Weiße treffenden Reichs Contingent
„wider Ew Königl. May. und Allerhöchst Deroselben Aliirte, auch
„nicht einen einzigen Mann geben, und marchiren laßen wolle,"

verlanget. Nun sind wir zwar viel zu klein, Ew 2c. glorieusen und mächtigen Waffen zu widerstehen. Nachdeme aber solches für uns von äußerster Wichtigkeit sein, und unsern Huldigungs- und Lehens-Pflichten entgegen, mithin zur schwersten Verantworttung gereichen würde; So unterfangen wir uns, im Fall Ew 2c. uns mit der angesonnenen Neutralitaet zu verschonen, allergnädigst geruhen wollen, dagegen zu Ew 2c. allerhöchsten Disposition achtzig tausend Gulden Rhein. zu offeriren. Und gleichwie wir an allergnädigster Willfahrung, bey obbemerkten Umständen, keineswegs zweiffeln; Also leben wir auch der alleruntertänigsten Hoffnung, daß Ew 2c. unsers armen Landes fernerhin allergnädigst eingedenk seyn, und mit fernerer Einquartierung allermildest zu verschonen geruhen werden. Uns anbey zu Königlicher Huld allersubmissest empfehlend 2c. Datum den 31. Maii 1757.

Oberstlieutenant von Imhof wurde mit diesem Schreiben an den König abgefertigt. Ob derselbe etwa bestimmte Neutralitätszusicherungen geben sollte oder was er sonst noch bei dem König ausrichten sollte, bleibt in tiefes Dunkel gehüllt. Mayer erhielt, wie seine Quittung ausweist, von Nürnberg „für gutes Commando und exakte Disciplin" ein Douceur von 8000 fl., das, da er in der Regel nur die Hälfte zu quittiren pflegte, vielleicht 16,000 betragen haben mag.

Am 1. Juni marschirte er aus dem nürnbergischen ins ansbachische Gebiet. Als er sich am 31. Mai von den Deputirten trennte, verlangte er einen Postillon und zwei Reitpferde für den Offizier, der das Schreiben an den König bringen sollte, und einen Wagen für die gefangenen Haller, in welchem sie bequem reisen könnten. Fetzer überließ ihnen seinen eigenen Wagen, in dem er nach Kleinreuth hinausgefahren war.

Ehe Mayer das Gebiet der freien Reichsstadt Nürnberg verließ, verbreitete er ein von ihm in Druck gegebenes Patent dato Nürnberg 1. Juni 1757, in welchem er erklärt, von seinem König den Auftrag zur Anwerbung noch einiger Freibataillons erhalten zu haben, und wodurch er alle Lusttragenden zum Eintritt in dieselben auffordert. Sie sollen, wie die andern Freibataillons und kgl. preußischen Truppen Löhnung, Brod, große und kleine Montirung haben, und aus allerhöchster Gnade die Beute „welche die Freibataillons zu machen genugsame Gelegenheit haben werden" für sich zu behalten und frei und nach eigenem Belieben zu veräußern Macht haben. Nach Beendigung des Krieges soll einem Jeden, der nicht länger dienen wolle, der Abschied ertheilt werden. Auch könne gleich bei dem Engagment auf eine Capitulation von 1—4 Jahren eingegangen werden. Diejenigen, welche bleiben wollen, sollen unverändert Alles genießen, was ihnen versprochen worden. Auch könnten sie Urlaub auf 1—4 Jahre erhalten, und nichts destoweniger ihr Tractement beziehen. Wer sein Glück bei diesen Freibataillons machen wolle, soll sich bei ihm melden. Unterzeichnet war dieses Patent: Johann von Mayer, Sr. kgl. Majestät in Preußen bestallter Obristlieutenant von der Cavallerie, Commandant eines Corps Truppen, Flügeladjutant und Chef eines Freibataillons.

Am 9. Juni kam Imhof von seiner Sendung zum König zurück. Er brachte ein vom 5. und 6. Juni datirtes Schreiben Friedrichs, worin dieser sich gegen den Wiener Hof beschwert und erklärt, daß der Krieg das Reich nichts angehe, sondern nur gedachten

Hof, der Complote gegen ihn schmiede und die Freiheit der Reichsstände beeinträchtige. Oberstlieutenant von Mayer sei von ihm nur
abgeschickt worden, um einem feindseligen Vorgehen der einzelnen Stände
zuvorzukommen. Das offerirte Geldquantum weise er zurück, dagegen
verlange er Neutralität und strikte Beobachtung derselben. Die beiden
Haller sollen freigelassen werden, sobald der zu Nürnberg festgehaltene
und nach Oesterreich abgeführte Hauptmann von Mayr wieder beigeschafft und die Neutralität zugesagt sei [10]).

Die Verhaftung und Abführung dieses Hauptmanns hatte den
König sehr in Harnisch gebracht. Als er daher Mayer mit einem
Freicorps in den fränkischen Kreis schickte, trug er ihm auf, Revanche
dafür zu nehmen. In Befolgung des königlichen Befehles nahm Mayer
die beiden Haller gefangen. Am liebsten wäre ihm aber der Kriegsrath von Haller gewesen, der die Ueberwachung und Gefangennahme
des Hauptmanns von Mayr geleitet und in's Werk gesetzt hatte.
Es wurde aller Orten auf ihn gepaßt; da man ihn aber nicht bekommen konnte, sollte es die ganze Haller'sche Familie entgelten.

Am 11. Juni dankte Nürnberg dem König für die Audienz, die
er dem Obristlieutenant von Imhof ertheilt hatte, und für die guten
Gesinnungen, die er gegen Nürnberg hege; aber eine Erklärung auf
des Königs Intention könne wegen der Wichtigkeit des Gegenstandes
noch nicht abgegeben werden; er möge dem Rath noch einige Zeit
lassen „zur gehörigen Deliberation".

Nicht umsonst besann sich jetzt der Rath wegen der Neutralität.
Er hatte mittlerweile Kunde erhalten, welches Gewitter sich am kaiserlichen Hofe wegen seiner Unterhandlungen mit Mayer zusammenge-
zogen und wie sehr der Kaiser und der ganze Hof gegen Nürnberg
entrüstet sei. Um Zeit zu gewinnen, wurde am 10. Juni der Beschluß
gefaßt, den Kaiser nachträglich um die Erlaubniß zur Neutralitäts-
Erklärung zu ersuchen. Und in der That, diese Taktlosigkeit — gelinde
bezeichnet — wurde schon des andern Tages begangen und der Kaiser
in einer Vorstellung um die Erlaubniß angegangen, die Neutralität
erklären zu dürfen. Nürnberg berief sich auf das Beispiel der Reichsstädte Regensburg und Speyer. Die Stadt sei durch Mayer hart
bedrängt, vom Kreis ohne Hilfe gelassen, Handel und Wandel gestört
worden u. s. w. Mit diesem Schreiben wurde der Consulent König

---

[10]) S. Beilage I.

nach Wien abgesendet. Der kaiserliche Minister, Graf Colloredo, nahm das Schreiben gar nicht an; erst nach langem Zureden ließ er sich bewegen, eine Copie desselben, aber ohne die Beilagen, anzunehmen; denn der Kaiser sei sehr erzürnt, daß sich Nürnberg vor einer Handvoll Leute so zaghaft gebärdet und nachtheilige Tractaten eingegangen, und daß es Deputationen an Mayer und zuletzt sogar an den König gesendet. Nürnberg's Treue gegen den Kaiser müsse bezweifelt, seine Hinneigung zu Preußen dagegen außer Zweifel gesetzt werden. Der Consulent wollte die Genannten des größeren Rathes d. h. die Bürgerschaft zum Sündenbock machen — diese hätten es so gewollt —; er suchte alle möglichen Gründe geltend zu machen, die Nürnberg entschuldigen könnten, aber mit geringem Erfolg. Allenthalben zeigte man ihm den größten Abscheu vor dem Benehmen Nürnberg's, so daß selbst die bisherigen Gönner und Freunde, die die Reichsstadt am kaiserlichen Hofe hatte, es nicht wagten, Fürsprache für sie einzulegen.

Endlich erhielt König ein Schreiben des Kaisers, datirt vom 25. Juni. In demselben wird Nürnberg Pflichtvergessenheit vorgeworfen, die es begangen durch seine Tractaten mit Mayer und dem König und durch Anbieten von Geld. Es habe dem Reich die schuldige Hilfe entzogen, und, obwohl es durch starke Mauern und Werke, und durch ein Kriegsvolk von 3000 Mann und viele Tausende von Bürgern geschirmt und beschützt war, seine alte Treue und Mannhaftigkeit so sehr vergessen, daß es sich vor einer Handvoll Leute gefürchtet und schimpfliche Feigheit gezeigt. Die Gründe, die es für sein Verhalten angebe, seien nichtig. Nicht die Bürgerschaft, der Rath sei an Allem schuld; die Bürgerschaft habe sich gut benommen und wäre Willens gewesen, in Treue zu Kaiser und Reich zu verharren. Der Rath habe sich auf Neutralität und Contribution eingelassen, zu einer Zeit, als schon die Kreishilfe nahe gewesen. Das Aergste aber sei, daß sich derselbe zu allem Uebrigen noch unterstanden habe, vom Kaiser die Erlaubniß zur Neutralitäts-Erklärung zu erbitten, als ob Kaiser und Reich nicht im Stande wären, die Stadt zu schützen. Nürnberg, so lautete das Schreiben weiter, soll augenblicklich sein Contingent zu den Kreistruppen stellen [11]), die rückständigen Kreis-Prästanda entrichten,

---

[11]) Es hatte sich gegen den Commandanten der fränkischen Kreiscontingente lange geweigert, dieses zu thun, und zwar unter dem Vorwande, es bedürfe seiner Milizen zum eigenen Schutze.

alle Correspondenzen und Verhandlungen mit dem in der Empörung befindlichen Churfürsten von Brandenburg einstellen und den Brandenburgischen Residenten Buirette innerhalb 3 Tagen aus der Stadt schaffen. Uebrigens behalte sich der Kaiser die Bestrafung derjenigen vor, die an diesem Verhalten Schuld tragen [12]).

Zu Nürnberg herrschte über dieses ungnädige kaiserliche Schreiben große Bestürzung. Es hieß, die Stadt soll die 80,000 fl., die dem König angeboten worden, nunmehr dem Kaiser bezahlen und ihrer Titulatur entsetzt werden. Der Rath beeilte sich daher, die kaiserlichen Befehle zu vollziehen. Der preußische Resident und geheime Kriegsrath Buirette erhielt die Weisung, die Stadt innerhalb 3 Tagen zu verlassen. Er erklärte dem Hauptmann, der ihm den Befehl hiezu überbrachte, er sei krank, und habe kaum noch 3 Tage zu leben. Nichtsdestoweniger ging er aber doch sogleich nach Erlangen. Er war, wie es scheint, gegen die Stadt nicht gar zu freundschaftlich gesinnt. Als er aufgefordert wurde, für die dem Mayer verheißenen 50,000 fl. Bürgschaft zu leisten, ließ er erklären: „Nicht für einen Dukaten". Später wurde er angegangen, sich bei dem König und dem Oberstlieutenant Mayer für die Stadt zu verwenden. Es findet sich keine Aufzeichnung, daß er etwas gethan.

Nun wurden auch die kaiserlichen Avocatorien wieder angeschlagen und ein Paritionsschreiben an den Kaiser gerichtet. Der kaiserliche Minister von Widmann, der sich abermals im Lager der fränkischen Kreistruppen zu Fürth befand, ließ vier Bürger aus Nürnberg zu sich rufen, und bezeugte ihnen im Namen des Kaisers dessen Wohlgefallen über die Treue der Bürgerschaft zu Nürnberg. Er ermahnte sie, sie sollen auch ferner in Gehorsam und in der Treue gegen Kaiser und Reich verharren und sich an das Gerücht nicht kehren, als ob die Religion bei diesem Kriege im Spiele sei. Der Kaiser werde Nürnberg schützen gegen den Preußenkönig.

Uebrigens gab es unter der Bürgerschaft nicht wenige Anhänger des Königs, die im Wahne lebten, derselbe vertrete die Sache des Protestantismus gegen das katholische Oesterreich, das dem Lutherthum den Garaus machen wolle. Der König suchte bekanntlich die religiösen Leidenschaften als Bundesgenossen gegen Oesterreich auszubeuten. Wie wenig ihm an der Religion gelegen war, weiß die ganze Welt; aber

---

[12]) S. Beilage II.

in Nürnberg gab es doch Leute, die anderer Ansicht waren. Diese äußerten, als die Reichsstadt ihr Contingent zu der Reichsarmee stellte, ihren Unmuth in verschiedenen Pasquillen. Eines derselben behauptet: „Es hat sich bisher Ihro Majestät der König von Preußen recht christlich und redlich gegen Nürnberg, als auch überhaupt gegen die Völker aufgeführt; die gewissenlose Kaiserin hingegen, die will mit unschuldigem Lutheranerblut ihre Bosheit ausüben." Es werden dann dem Rath Vorwürfe gemacht, daß er der Kaiserin hilfreiche Hand leiste und für eine solche Sache die nürnbergischen Soldaten „wie Vieh zur Schlachtbank schicke". „Diese nürnbergischen Soldaten", heißt es weiter „sollen mit Gewalt den redlichen König von Preußen angreifen, der durch sein tägliches Gebet mit 50 Mann mehr ausrichtet als eine ganze Armee der Reichsvölker." Der Rath soll seine Artillerie und sein Pulver und Blei nur fortschicken. Der König werde es bald haben und selber kommen „um Kron' und Scepter zu beschützen [13]), weil der Rath sie nicht besser schützt. Die Bürger werden dann keine Narren mehr sein wie zu Pfingsten und in's Gewehr stehen; sie werden das Rathhaus stürmen und die Herren bey ihren großen Peruquen schütteln." Der Schluß lautet: „Wir verbleiben dem König von Preußen allzeit getreue Bürger. Vivat, es lebe der König von Preußen!"

Als Friedrich die Ausweisung des Residenten Buirette vernahm, zeigte er die höchste Entrüstung. Er meinte, Nürnberg werde die Neutralität standhaft behaupten und durch sein Beispiel auch Andere dazu ermuntern. Unterm 12. Juli gab er der Stadt durch ein Rescript seines Staatsrathes sein äußerstes Mißfallen über diesen Schritt zu erkennen, indem er die Ausweisung seines Residenten für völkerrechtswidrig erklärte und Genugthuung dafür und eine Erklärung des Rathes verlangte [14]).

Der Rath gab darauf keine Antwort, sondern zeigte dem Kaiser an, daß er „Berliner Rescript" unbeantwortet gelassen.

Etliche Wochen vorher war auch ein Schreiben des Oberstlieutenants von Mayer eingelangt, worin der Rath aufgefordert wurde, nun exakte Neutralität zu erklären. Nürnberg antwortete ihm unterm 20. Juni, es müsse die Sache vorher berathen, und dann werde es

---

[13]) Soll dieses vielleicht eine Einladung sein, den zu Nürnberg verwahrten Krönungsornat der deutschen Kaiser an sich zu nehmen und sich selbst mit demselben zu schmücken?

[14]) S. Beilage III, die schon damals als Flugschrift Verbreitung fand.

schon an den König schreiben. Die Angst vor dem Freibeuter war bereits verschwunden. Auf Einmal hieß es, der Mayer komme wieder. Es war das nur ein leeres Gerücht, aber gleich wurden die früheren Vorkehrungen zum Schutze der Stadt wie in den Tagen vom 26. bis 31. Mai ergriffen und fortgesetzt bis zum 15. Juni. Das war unnöthig. Denn Mayer wurde bereits von den Kreistruppen verfolgt und nach und nach zum Land hinaus gedrängt.

Nun stellte Nürnberg seine Vertheidigungs-Anstalten ein. Den Offizieren des Kreis-Contingents und der Stadtmiliz wurden für die guten Dienste, die sie während der Anwesenheit Mayers in den Vorstädten und vor den Thoren der Stadt in Bewachung ihrer Posten geleistet, Douceurs bewilligt. Die Stabsoffiziere erhielten per Mann 40 fl., die Capitains 30 fl., die Premierlieutenants 20 fl., die Adjutanten 25 fl., die Secondelieutenants 15 fl., der Oberstlieutenant Edel von der Artillerie 40 fl., der Lieutenant Daumüller 8 fl., die 5 Feuerwerker je 2 fl. 30 kr., die 6 Constabler je 2 fl. und die übrige Mannschaft eine ganze und halbe Löhnung.

Also endete der erste Akt der Invasionen, die Preußen während des siebenjährigen Krieges gegen Nürnberg und sein Gebiet ausführen ließ. Derselbe legte der Reichsstadt große Opfer auf. Aber auch die umliegende Gegend litt stark unter den Requisitionen und Gelderpressungen des Freicorps. Die Vorstädte Wöhrd und Gostenhof, und die Dörfer und Weiler Laufenholz, Mögelstein, Jerzabelshof, Gleishammer, St. Jobst, Lichtenhof, Hummelstein, Rechenberg, Schiebelsberg, Schoppershof, Ziegelstein, Buch, Kraftshof, der Bretzengarten und andere Orte in der Nähe Nürnbergs und im reichsstädtischen Gebiete berechneten ihren Schaden auf 19,741 fl. 24¾ kr. — ein verhältnißmäßig geringer Verlust gegen die großen Opfer, die Nürnberg im zweiten und letzten Akte der preußischen Invasion, der im Jahre 1762 spielte und zum Abschluß kam, tragen mußte.

3. Mayer's Abzug.

Kehren wir nun zum Oberstlieutenant von Mayer zurück, um ihn auf seinem weitern Zuge durch Franken zu begleiten.

Nach der Convention vom 31. Mai verließ er sogleich das nürnbergische Gebiet. Am 1. Juni marschirte das Freicorps über die Dooser Brücke nach Gebersdorf, Stein und Schwabach. Aber sein

Marsch erlitt hier eine Unterbrechung, da die fränkischen Kreistruppen sich allmählich in Bewegung setzten. Dieselben sollten nämlich bei Nürnberg oder Kitzingen, die Bayern und Oberpfälzer zu Amberg sich sammeln, die Schwaben geraden Wegs auf Nürnberg ziehen und die Kreise Ober-Rhein und Chur-Rhein den Franken zu Hilfe ziehen. Von allen diesen Dingen kam soviel wie Nichts zu Stande. Nur Würzburg, Bamberg und Ansbach stellten in kurzer Zeit ein Contingent von 5000 Mann. General von Kolb erhielt das Commando über dieselben und den Befehl, gegen Mayer zu ziehen, ihn zu umringen und sammt seinen Leuten, den Geschützen und der Bagage zu fangen.

Als Mayer von dem Anrücken der Kreistruppen Nachricht erhielt, kehrte er sich rasch von Schwabach gegen Roßstall, Cadolzburg, Langenzenn, Burgfarnbach und Fürth. Am 2. und 3. Juni war ein Theil des Freicorps, namentlich viele Husaren, zu Farnbach und Fürth. Während er vor den Thoren Nürnbergs und im Gebiete dieser Reichsstadt nur mäßige Requisitionen machte, ziemlich gute Mannszucht hielt und das Plündern möglichst verhinderte, ließ Mayer im ansbachischen Gebiet das Gegentheil davon geschehen. In Farnbach und Zirndorf nahmen sie das Schlachtvieh mit sich fort, und zu Farnbach quartierten sie sich im Schlosse ein. Nach Fürth kamen sie zweimal; die dompropsteilschen und ansbachischen Unterthanen mußten ihnen das erste Mal 2000 Pf. Brod, 20 Sümer Haber, 1000 Pf. Rindfleisch und 20 Elmer Bier, das zweite Mal 235 Carolin, 2 goldene Uhren, 2 goldene Tabatieren, 2 Diamantringe, 4 Sümer Haber und 2 Wägen Brod liefern, alles zusammen im Werthe von 3567 fl. 35 kr. Die Uhren, Tabatieren und Ringe mußten von den Juden geliefert werden. Ebenso hatten sie es in Schwabach, Roßstall, Cadolzburg und Langenzenn getrieben. Die Stadt Schwabach berechnete den Schaden, den sie durch Naturallieferungen und Contributionen erlitten, auf 3438 fl. 49¾ kr., das Amt Schwabach auf 606 fl. 57½ kr. und für Posten und Boten auf 33 fl. 31 kr., die Gemeinde Roßstall auf 506 fl. 32 kr., der Markt Cadolzburg auf 575 fl. 25 kr., das Amt Cadolzburg auf 1070 fl. 35 kr., die Stadt Langenzenn auf 4198 fl. 28½ kr. und das Amt Langenzenn auf 3134 fl. 7¾ kr.

Von Langenzenn aus, wo er Lager geschlagen hatte, überfiel Mayer das Schloß Wilhelmsdorf mit 900 Mann. Er quartierte sich mit 100 Mann im herrschaftlichen Schlosse ein. Sie blieben 3 Tage und ließen sich wohl sein; und was ihnen in die Hände kam, ließen sie mitgehen. Es ist eine Unzahl von Habseligkeiten der Schloß- und Dorfbewohner verzeichnet, die in den Tornistern und Bagage-Wägen der Preußen verschwanden. Wenn die Leute nicht beischafften, was sie verlangten, wurden sie mit Schlägen tractirt oder mit der Abführung auf die Festung Spandau bedroht. Alle Speicher und Keller wurden bis auf das letzte Stück Brod und bis zum letzten Tropfen Bier geleert, die Ochsen und Lämmer wurden mit Gewalt weggenommen und geschlachtet, und alle Fischteiche ausgefischt. An Douceurs mußten 900 fl. bezahlt, und alles herrschaftliche Silber des Schlosses ausgeliefert werden. Den Bedienten wurden alle Gewehre, dem Jäger allein 21 Flinten und Kugelbüchsen, abgenommen. Wilhelmsdorf erlitt dadurch einen Schaden von 9956 fl. 49 kr. 3 pf.

Mayer ließ seine Husaren nach allen Seiten streifen, um sich über die Bewegungen der Kreiscontingente zu unterrichten. Am 8. Juni nahm er zu Emskirchen einen würzburgischen Husaren-Lieutenant, Namens Maquey, nebst etlichen Husaren und den würzburgischen Kammerrath und Marsch-Commissär von Heyde gefangen. Er ließ sie nach Langenzenn bringen und gab an, sie hätten ihn attaquiren wollen und seine Leute Schelme und Diebe gescholten. General Kolb reclamirte die Gefangenen; Mayer gab sie aber nicht heraus.

Am 9. Juni rückte General Kolb mit den Kreistruppen über Emskirchen und Wilhermsdorf nach Langenzenn. Mayer aber ließ die engen mit Wald umgebenen Wege von Veitsbrunn bis Fürth mit Husaren besetzen, die nun abermals Morgens 10 Uhr in Fürth eindrangen und die schon bezeichneten Erpressungen verübten. Auch nahmen sie einige anolzbachische Soldaten und einen Doppelsöldner aus dem dortigen Amtshause mit sich fort, wobei sie ihnen die Gewehre abnahmen. Mayer selbst postirte sich mit seiner Infanterie hinter eine zu Veitsbronn geschlagene Wagenburg. Da ihm Kolb hier nicht beikommen konnte, ohne das Dorf Veitsbronn niederzubrennen, nahm er einen Umweg über Bach, um dem Corps in den Rücken zu kommen. Diese Bewegung der fränkischen Truppen wurde jedoch dem Mayer verrathen, wie Kolb behauptete „von der preußisch gesinnten Populace zu Fürth."

Nun zog sich Mayer in einem Eilmarsche ebenfalls gegen Bach, um den Kreistruppen zuvorzukommen. Dies gelang ihm auch. Denn gewöhnt an starke und eilige Märsche übertraf er die wenig geübten Kreistruppen an Gewandtheit, Ausdauer und Kriegserfahrung.

Als er zu Bach ankam, ließ er die über die Pegnitz führende Brücke mit Hilfe der Bauern sogleich abbrechen und sein Corps und seine Kanonen am jenseitigen Ufer aufstellen. In dieser Stellung erwartete er die Kreistruppen. Als diese am 10. Juni gegen Bach anrückten, schickte General Kolb einen Lieutenant mit 30 Mann hinüber, um Mayer zu befragen, warum er so feindselig gegen die Kreisstände auftrete. Mayer ließ den Lieutenant mit seinen Soldaten passiren, aber als Kolb selbst herankam, um seine Stellung zu recognosciren, ließ er sogleich mit Kartätschen und „gezogenen Röhren" auf ihn und die Kreistruppen feuern. Nun ließ auch Kolb seine Artillerie herbeibringen und an der Höhe aufstellen. Es entspann sich eine anderthalbstündige Kanonade, die aber nicht vielen Schaden machte. Die in Bach postirten Kreistruppen griffen nun ebenfalls in das Gefecht ein und eröffneten ein lebhaftes Feuer gegen die Preußen, so daß diese in die Häuser retirirten und von da aus den Feind beschossen. Die Kreistruppen schlugen und hieben die Hausthüren ein; aber als sie eingedrungen, hatten die Preußen sich schon davon gemacht.

In diesem Gefechte verloren die fränkischen Truppen 6 Todte, darunter einen Lieutenant, und 1 Verwundeten; die Preußen hingegen hatten 12 Todte und mehrere Verwundete, darunter einen Lieutenant, dem das Bein abgeschossen worden. Nach Aussage der Bauern ließ Mayer auf seinem Marsche nach Erlangen noch mehrere Todte heimlich einscharren.

Mayer zog sich in aller Eile gegen Erlangen, nachdem er die Brücke zu Bach noch vollends zerstört und niedergebrannt hatte. Auch die übrigen Brücken über die Pegnitz bis Herzogenaurach ließ er abbrechen. Kolb schickte einen Theil der fränkischen Truppen nach Herzogenaurach, um über die dortige Brücke zu bringen und den Feind auf seinem Marsche anzugreifen und aufzuhalten. Aber sie kamen zu spät; denn Mayer war geschwinder als sie und hatte bereits Erlangen erreicht.

Mit den übrigen Truppen, zu welchen später auch das nürnbergische Contingent stieß, bezog General Kolb ein Lager zwischen Farnbach und Fürth, und später zwischen Fürth und Doos. Diese Truppen betrugen gegen 5000 Mann, darunter 220 Dragoner und fast ebensoviele Husaren; es waren größtentheils würzburgische, bambergische, eichstädtische und deutschorden'sche Mannschaften, denen ein in kaiserlichen Diensten stehendes würzburger Regiment beigegeben war. Auch einige Compagnien des anolzbachischen Kreiscontingents befanden sich darunter. Diese und die Musketiers waren durchgehends schöne Leute und gut montirt und bewaffnet. Aber die übrige Infanterie bestand aus jungen, schwachen und kleinen Leuten. Die Kreis=Cavalerie war theilweise schlecht equipirt; manche hatten statt der Steigbügel nur Stricke. Als ein Offizier sagte, daß die Nürnberger bald kommen werden, entgegnete ein anderer: „Glaub's nicht, hinter den Mauern ist es besser als hie außen." Die nürnberger Patrouillen kamen öfter in die Nähe des Fürther Lagers; da rief ihnen ein bamberger Reitersmann zu: „Ihr Nürnberger, bleibt zu Hause! dann wann noch so viel wären, müßten wir doch davon laufen; und haben mehr Ehr noch, wann ihrer nicht so viel sind. Die Ansbacher haben es gescheid gemacht; bei Bach sind sie auf einem Berg stehen geblieben, und haben gelassen zugeschaut." In der That war der Unwille, daß man den Mayer bei Bach also entrinnen lassen, unter den Kreistruppen und auch anderwärts nicht gering. Dem General Kolb wurde und vielleicht nicht mit Unrecht, vorgeworfen, daß er sich durch die Nacht von der Verfolgung des Freicorps abhalten ließ. Durch einen schnellen Marsch und gehörige taktische Anordnungen müßte es ihm gelungen sein, das ganze Mayer'sche Corps zu zersprengen und aufzureiben. Thatsache ist, daß er keine große Lust zeigte, demselben nachzueilen; er überließ dieses dem Oberstlieutenant von Epptingen, und ging dafür in's Lager nach Fürth und nach Nürnberg.

Mayer zog sich nun aus der Ebene in die Gegend von Forchheim, indem er die Dörfer Kerschbach, Kaschberg, Pinzberg, Kirchehrenbach, Hausen, Effeltrich und Bordorf unter Verübung großer Gewaltthätigkeiten heimsuchte. In Kerschbach wurde der Pfarrer arretirt und mit dem Strange bedroht, der ganze Ort mit Stroh belegt und an manchen Stellen Feuer angezündet, mit der Drohung das ganze Dorf niederzubrennen, wenn Geld, Verpflegung und Fourage nicht in der Menge herbeigeschafft werden, wie sie verlangten. Die Leute wurden mitunter bis auf den Tod geschlagen und aller Habseligkeiten beraubt, soviel deren fortgeschleppt werden konnten. Wenn nicht geliefert werden konnte, was die Soldaten verlangten, so wurden Geiseln mitgenommen, die sie so lange behielten, bis ihrem Verlangen Genüge geschehen. Dieses begegnete auch dem Bürgermeister von Reunkirchen, den sie tagelang mit sich herumschleppten und öfter mit dem Tode be=

brohten. Ueberall, wohin sie kamen, wurden den Landleuten die Gewehre abgefordert.

Diese Gewaltthätigkeiten erschöpften die Geduld der armen ausgesogenen Unterthanen. Nachdem die Bauern in der Gegend von Höchstädt [16]) sich gegen die Dränger erhoben, sammelten sich auch auf dem Gebirge und anderwärts mehrere 1000 bewaffnete Landleute, so daß Mayer gezwungen wurde, seine Leute besser zusammenzuhalten und abwärts zu ziehen. Am 12. Juni richtete er seinen Marsch gegen Ebermannstadt und die umliegende Landschaft. Die frühere Disciplin und Mannszucht hatte sich bei dem Freicorps unterdessen merklich gelockert. Die Beschädigungen der Leute an Leib und Gut wurden von Tag zu Tag zahlreicher und die Angriffe gegen die Ehre und Schamhaftigkeit der Weiber und Jungfrauen so ungescheut ausgeübt, daß die Weiber auf dem Gebirge und in der Gegend von Ebermannstadt sich flüchten mußten, um der Schändung zu entgehen. Am 13. Juni zog Mayer aus Ebermannstadt wieder ab, nachdem er an Douceurs und Geld 3663 fl. 8¼ kr. erpreßt und außerdem einen Schaden von 4193 fl. 45 kr. angerichtet hatte. Aus Ebermannstadt und den umliegenden Dörfern nahm er zahlreiche Vorspannen mit sich, die 2 und 3 Wochen mit dem Freicorps herumziehen mußten.

Er konnte sich aber nirgends mehr halten; denn auf einer Seite drängten die zu seiner Vertheidigung detachirten Kreistruppen, auf der andern wurde er von bewaffneten Bauern-Schaaren umschwärmt. Er marschirte deshalb schnell in die Gegend von Bamberg. Am 14. und 15. Juni schickte er Abtheilungen seines Corps in die Aemter Hollfeld und Scheßlitz. Die in's Amt Hollfeld gehörigen Orte Königsfeld, Huppendorf und Hohenpölz wurden arg mitgenommen. Der Caplan zu Königsfeld wurde wegen seiner Predigten — wahrscheinlich waren sie nicht preußenfreundlich genug — arretirt und erst dann entlassen, als ein Freund sich erbot, mit 20 Carolin seine Freiheit zu erkaufen. Das Amt Scheßlitz berechnete seinen Schaden auf 4864 fl. 17¼ kr. Das Freicorps hätte gerne noch größeren Schaden in demselben ange-

---

[16]) Höchstädt und die dortige Gegend war schon seit alter Zeit von einer muthigen Bevölkerung bewohnt. Als das Städtchen im Jahre 1553 von den Truppen des Markgrafen Albrecht von Brandenburg des Bürgers umzingelt und gestürmt wurde, schlug es alle Angriffe derselben mit der ausdauerndsten Tapferkeit zurück; es ergab sich erst, als der Markgraf selbst und mit großer Uebermacht und mit vielen Geschützen heranrückte.

richtet, aber die bambergische Landmiliz, die allenthalben aufgeboten worden und mehrere streifende Husaren erschoß, ließ ihm keine Zeit dazu. Auch war die Vorhut der Kreistruppen unter Oberstlieutenant von Eppingen endlich so nahe gekommen, daß ein beschleunigter Rückzug angetreten werden mußte. Mayer zog sich in die Gegend von Weißmain. Am 15. Juni hatte er im Pfarrhofe zu Modschiedel übernachtet und einen Religiösen des Klosters Langheim, der ihn bewirthete, zum Danke dafür verhaftet und mit sich fortgeschleppt.

Am 16. Juni kam er vor Weißmain an. Um 7 Uhr Morgens schickte er einen Cornet mit 3 Husaren in die Stadt um Viktualien und Fourage zu fordern, nämlich 100 Sümer Haber, 6 Ochsen, 32 Eimer Bier, 5000 Pfund Brod. Die Stadt bot dafür 300 fl. baar und eine Brodlieferung. Mayer ging darauf nicht ein und kam dann selbst an der Spitze von 40 Husaren, mit der Forderung, man soll augenblicklich die Thore öffnen und das Verlangte liefern. Die Stadt bot nun 20 Sümer Haber und Brod, soviel zusammengebracht werden könne. Auch das wurde nicht angenommen. Nun war die Geduld der mannhaften Bürgerschaft erschöpft; weiter wollte sie sich nicht drängen lassen. Die bambergischen Beamten, an ihrer Spitze Christian Ludwig von Redwitz, forderten zum energischen Widerstande auf. Die Sturmglocke wurde gezogen, und die ganze Bürgerschaft rüstete sich, die angedrohte Gewalt mit männlicher Gegenwehr abzutreiben. Abends 7 Uhr rückte Mayer an und ließ die Stadt mit 5 Kanonen beschießen. Das untere Thor wurde von 120 Mann und 12 Pioniers, befehligt von 4 Offizieren, gestürmt und zertrümmert, worauf sie sogleich in die Stadt eindrangen. Das bekam ihnen aber übel. Denn alle Häuser waren mit bewaffneten Bürgern besetzt, die auf den andringenden Feind ein lebhaftes Feuer eröffneten, 12 Preußen tödteten und 50 schwer verwundeten. Einen solchen Empfang hatten sie nicht erwartet, so daß sie gerne umkehrten, die Straße und das Thor eilig verließen und sich, so gut es ging, davon machten. In der Stadt gab es nur 2 Leichtverwundete und Einen, dem eine Stückkugel das Bein zerschmettert hatte. Mayer wagte keinen zweiten Angriff; aber er rächte die erlittene Niederlage durch Einäscherung der Vorstadt, in der 24 Häuser und ebensoviele Städel niedergebrannt wurden, was einen Schaden von 25,980 fl. verursachte.

Am 17. Juni kam er nach Mainrode und Burglundstadt und Umgegend, der er durch Requisitionen, Plündern, Verwüstung der

Feldfrüchte, Gelderpressungen und Wegtreiben des Viehes einen Schaden von 3468 fl. 3¼ kr. zufügte. Doch war jetzt seine Rolle in Franken so ziemlich ausgespielt. Von allen Seiten in die Enge getrieben, wendete er sich nach Kulmbach und von hier eilte er am 21. Juni in einem forcirten Marsche nach Coburg und Hildburghausen. Von Coburg und Grub aus machte er noch einige Versuche, das bambergische Gebiet zu beunruhigen und zu brandschatzen. Am 23. Juni fiel ein Rittmeister mit etlichen Husaren in dem Dorfe Tambach ein, das dem Kloster Langheim gehörte. Hier nahmen sie den Pater Amtmann, den bambergischen Steuereinnehmer und den Kloster-Sekretär als Geiseln so lange mit sich fort, bis ihren Requisitionen ein Genüge geschehen war. Der Klosterhof Tambach wurde dadurch um 1959 fl. 23¾ kr geschädigt.

Mayer versuchte noch mehrere Einfälle; aber es ging nicht mehr; er stieß überall auf Kreistruppen, die in 3 Colonnen anrückten, zuerst die Abtheilung unter Eppingen, dann ein starkes Corps unter Oberst Moser und hinter diesem die Truppen des Generalmajors von Wildenstein. Sie suchten dem Freicorps die Pässe zu verlegen. Aber Mayer merkte das und nahm schnell Reißaus in's schwarzburgische und so fort tiefer nach Sachsen. — Der Schaden, den das bambergische Gebiet durch diese Kreuz- und Querzüge Mayers erlitt, belief sich auf 58,137 fl. 26⁹⁄₁₆ kr.

Auf allen diesen Zügen schleppte er die beiden Nürnberger, den Pfleger und den Hauptmann Haller, mit sich herum. Am 24. Juni waren sie mit ihm in Coburg; dann wurden sie nach Dresden gebracht. Nürnberg gab sich alle erdenkliche Mühe, sie aus ihrer Gefangenschaft zu befreien. Unter Anderm wendete es sich auch an den kaiserlichen Kanzler Grafen Colloredo, der Kaiser möge den an Oesterreich ausgelieferten Hauptmann von Mayr gegen den Hauptmann Haller freigeben. Es half aber nichts, so daß Haller noch über Jahr und Tag in Gefangenschaft blieb. — Der Pfleger Burkhard Albrecht Haller, der schon bei seiner Arretirung sehr leidend war, starb zu Dresden im Monat August 1757. Seine Wittwe verlangte, man soll seine Leiche auf Staatskosten nach Nürnberg bringen lassen; der Rath erwiderte ihr aber, sie soll es auf eigene Kosten thun.

Es war ein waghalsiges Unternehmen, mit einer so kleinen Schaar in die Oberpfalz und in Franken einzubrechen. Wäre im Reiche und in den Kreisen Etwas zusammengegangen, die Invasion hätte für Mayer und seine Leute leicht einen schlimmen Ausgang nehmen können. Aber König Friedrich kannte die verrotteten Zustände des Reiches zu gut, um nicht etwas wagen zu dürfen. Dazu hatte er aber auch den rechten Mann erwählt. Denn Mayer war ein gutgeschulter Kriegsmann, kühn und klug, und auch in den Künsten der Politik wohl bewandert. Das Corps, das er befehligte, bestand aus kriegsgeübten Leuten, die er, wenn er wollte, in guter Disciplin zu erhalten wußte. Man hielt ihn zwar Anfangs nur für einen „Freibeuter und Landeszwinger, den man einfangen und nach den Reichsgesetzen bestrafen müsse"; aber später wurde selbst in dem kaiserlichen Commissionsdekret vom 9. Juni eingeräumt, daß sein Corps ein königliches sei; „es werde aber von einem erst in kurzer Zeit aus den Banden entlassenen Bösewicht Namens Mayer befehligt." Der churbrandenburgische Reichstagsgesandte von Plotho widerlegte diese Angabe durch ein Circular vom 4. August, worin er versichert, Mayer sei nie bestraft worden außer durch einen kurzen Arrest wegen eines Duells. (Er soll einen jungen Grafen von Vitzthum erschossen haben.) Der König habe ihn abgesendet, die Bewegungen der Kreistruppen zu beobachten; den Reichstag wolle er nicht beunruhigen, sondern beschirmen, desgleichen die Reichsstädte und ihre Freiheiten beschützen.

Es soll hier die Wahrheit dieser Behauptungen nicht untersucht werden; aber daß dem König die Freiheit der Reichsstände groß am Herzen gelegen, wer wird das glauben! Er wollte ihre Neutralität erzwingen, um sie von Kaiser und Reich abzuziehen. Hat Mayer den ursprünglichen Zweck durch seinen Einfall auch nicht erreicht, so hat er doch durch sein kühnes Unternehmen großen Schrecken verbreitet, die Unschlüssigkeit der Stände vermehrt und die Aufstellung der Reichsarmee verzögert. Daß der König mit ihm zufrieden war, beweist seine Ernennung zum Obersten, die noch vor Ablauf des Jahres 1757 erfolgte, und seine bald darauf erfolgte Beförderung zum Generalmajor.

Mayers Zug machte damals in ganz Deutschland ungeheueres Aufsehen. Selbst das Volkslied hat sich seiner bemächtigt, wenn auch nicht in freundlichem Sinne [16]).

---

[16]) S. Beilage IV.

II.
Die preußische Invasion
unter
General-Lieutenant von Driesen
im Jahre 1758.

Der Plan des Königs, das Reich durch Absendung kleiner Corps in Schrecken zu setzen, die Aufstellung einer Reichsarmee möglichst zu verhindern, die Neutralität der Stände zu erzwingen und Contributionen zu erheben, war im Jahre 1757 zwar nur theilweise gelungen; aber dieses Verfahren hatte doch die Mitwirkung der Reichsstände zum Kriege gegen Preußen sehr gelähmt und Viele, die sonst gut kaiserlich gesinnt waren, zaghaft gemacht. Das war immerhin ein großer Vortheil für den König, der nebenbei auch noch Gelegenheit fand, manche Abtheilung seiner Armee auf fremde Kosten zu verpflegen und in seine Kriegskassa nicht unerhebliche Zuflüsse zu bringen.

Im nächsten Jahre sollten solche Invasionen wiederholt werden, aber in größerem Maßstabe. Damals (1758) wurde der Krieg auf zwei Hauptpunkten geführt: Der König stand gegen die Oesterreicher, Russen und Schweden, Herzog Ferdinand von Braunschweig mit den Bundesgenossen gegen die Franzosen. Friedrich suchte Mähren zu gewinnen, Daun, der österreichische Feldmarschall, wollte Sachsen von den Preußen befreien, das vom Corps des Prinzen Heinrich besetzt war. Die mittlerweile mobil gemachte Reichsarmee stand jetzt unter dem Commando des Prinzen Friedrich von Zweibrücken und richtete ihren Marsch gegen Böhmen. Dadurch wurde Franken fast ganz von Truppen entblößt. Kaum hatte Prinz Heinrich dieses bemerkt, als er sich sogleich zu einer Invasion anschickte und am 24. Mai den Johann von Mayer, der mittlerweile zum Obersten avancirt war, mit einem Bataillon Fußvolk und einigen Escadronen Husaren zu Hof einrücken ließ. Ihm folgte General-Lieutenant von Driesen mit 6 bis 7000 Mann bestehend aus 8 Bataillons Fußvolk und einem Reiterregiment.

Ihr Hauptziel war das Hochstift Bamberg und wo möglich auch Nürnberg. Sie zogen über Münchberg nach Bayreuth. Das ganze Land wurde feindlich behandelt, alle Kassen mit Beschlag belegt und obsignirt, 300,000 Reichsthaler Contribution gefordert und die Reichspostbeamten für den König in Eid und Pflicht genommen. In Bayreuth bemächtigten sie sich der für die Reichsarmee bestimmten Magazine und Lazarethe und forderten sie überdieß von der Stadt 30,000 Mund- und Pferdeportionen. Nachdem Driesen die Markgrafen von Bayreuth und Ansbach aufgefordert hatte, ihre Contingente von der Reichsarmee abzurufen, zog er rasch an die Gränzen des Hochstifts Bamberg [17]). Die Aemter Kupferberg, Stadtsteinach, Enchenreuth, Wartenfels und Hollfeld wurden plötzlich von den Preußen überschwemmt und mit unerschwinglichen Contributionen, Gelderpressungen und Lieferungen gequält. Wie sie es hier trieben, dazu wird ein einziges Beispiel genügen: Der Oberst und Armee-Intendant von Armstett forderte am 26. Mai von dem Amt Kupferberg 2000 Zentner gutes Roggenmehl, 4000 Schäffel Haber (Höfer Maaß), 10,000 Zentner Heu, 1000 Schock Stroh (zu 20 Pfund jede Schütt), 100 Faß Bier, 20 Eimer Branntwein, 100 Schäffel Erbsen, 500 Schäffel Walzen, 100 Stück Schlachtochsen und 500 Hämmel. Das Alles sollte innerhalb 2 Tagen nach Hof geliefert werden. Die armen Leute konnten dieses nicht leisten; dafür wurden sie am 29. Mai mit militärischer Erecution belegt; darunter befanden sich 8 Escadronen schwarzer Husaren mit dem Todtenkopf unter Oberstlieutenant von Belling, die schauderhafte Erpressungen, Plünderungen und Gewaltthätigkeiten verübten. Den Pfarrer zu Marienweyer und seine Hausgenossen zwangen sie mit gezogenen Säbeln und gespannten Pistolen zur Auslieferung alles Geldes. Der Pfarrer zu Markt-Schorgast wurde von ihnen

---

[17]) Schon 3 Wochen vorher waren Streifcompagnien von dem Regiment des Oberstlieutenants Wunsch eines Morgens nach Nordhalben gekommen, um Lebensmittel und Geld zu erpressen. Auch die Unterthanen im Amte Teuschnitz wurden damals von solchen Freibeutern heimgesucht; dieselben griffen aber zu ihren Waffen, mit dem festen Entschluß, sich den Erpressungen mit Gut und Blut zu widersetzen und Gewalt mit Gewalt abzutreiben. Als die Streifer diesen Ernst sahen, kamen sie nicht wieder.

aus seiner Pfarrei vertrieben und ein armer Franziskaner-Pater von einem preußischen Marketenderknecht durch Messerstiche lebensgefährlich verwundet. Als die Husaren am 2. Juni in der Richtung gegen die Oberpfalz abgezogen, kamen wieder andere, um das Letzte, das den armen Unterthanen etwa noch übrig geblieben, wegzunehmen oder aufzuzehren. Das dauerte bis zum 7. Juni.

Die Nebenämter Stadtsteinach, Enchenreuth und Wartenfels hatten dasselbe Schicksal; nur die dem Amte Enchenreuth einverleibte protestantische Gemeinde zu Döbra wurde von allen Lieferungen befreit. Oberst von Arnstett hatte ihr einen Freibrief ausgestellt. Dieselbe Begünstigung wurde auch den im Amte Wartenfels ansäßigen protestantischen Unterthanen zu Theil, die sich, den Pastor Zimmermann von Rugendorf an der Spitze, an den Oberstlieutenant von Belling gewendet hatten und für die auch ein Intercessions-Schreiben des bayreuthischen Vogts Goller zu Seybolsdorf eingelaufen war.

Zwölf Tage dauerten diese Freibeutereien im Amte Kupferberg und in seinen Nebenämtern, bis endlich ein mit schweren Kosten erwirkter Salvegardebrief des Generallieutenants von Driesen denselben so ziemlich ein Ende machte. Dabei kam es jedoch wiederholt vor, daß der Brief des Generals von den umherstreifenden Truppen nicht einmal respektirt wurde. — Nicht minder litt das Amt Hollfeld, in welchem die Avantgarde des Generals und das Mayer'sche Freicorps am 30. Mai eingerückt war.

Als General von Rosenfeld, der nach dem Abzuge der Reichsarmee nach Böhmen mit den Kreisregimentern Varell und von Ferntheil und einigen Escadronen würtembergischer Dragoner und ungarischer Husaren zum Schutze des fränkischen Kreises zurückgeblieben und bei Lichtenfels Stellung genommen, den Anzug der Preußen gegen Bamberg erfuhr, warf er sich schnell dahin. Es war höchste Zeit; denn Driesen hatte die Statthalterei Bamberg — der Bischof war zu Würzburg — schon unterm 27. Mai durch den Vogt zu Kupferberg auffordern lassen, innerhalb 48 Stunden eine Deputation an ihn abzusenden und sich zu erklären, wie Bamberg gegen Preußen gesinnt sei und ob es sich auf Traktaten einlassen wolle. Während die Statthalterei auf diese Aufforderung wenig Gewicht legte, marschirte Driesen am 31. Mai von Hollfeld gegen Bamberg.

Schon in den ersten Morgenstunden dieses Tages kam viel Landvolk von der Seite des Seehofes in eiliger Flucht in die Stadt, viel

Vieh und anderere Habseligkeiten mit sich führend. Darunter befanden sich viele junge Bursche, die sich nach Bamberg flüchteten, um der Wegschleppung durch die Preußen und der Einreihung in die königlichen Regimenter zu entgehen. In Bamberg herrschte darüber große Bestürzung; und es dauerte nicht lange, so zeigten sich auch schon die Preußen in mehreren Colonnen vor dem Hauptsmoor, einem vor der Stadt gelegenen Walde. Es war unser alter Bekannter vom vorigen Jahre, Oberst Johann von Mayer, und sein aus Infanterie, Jägern, Husaren und etlichen Kanonen bestehendes Freicorps, das ungefähr 1400 Mann stark war.

Schon um 8 Uhr Vormittags sprengten etliche 30 schwarze Husaren in die Vorstadt. Die fränkischen Kreisregimenter des General Rosenfeld nahmen sogleich Stellung, und kaiserliche Husaren und würtembergische Dragoner rückten dem eindringenden Feinde entgegen. Dieser war aber schon durch das Stadtthor am Steinweg eingedrungen und konnte erst zurückgetrieben werden, als ihm ein kaiserlicher Husaren-Lieutenant mit seinen Leuten in den Rücken kam. Die Preußen verloren dabei einen Todten, einen Verwundeten und einen Gefangenen. Den Todten hoben sie eiligst auf ein Pferd; und also sprengten sie mit ihm davon. Nun rückte aber preußische Infanterie heran. Sie avancirte rottenweise und in Gliedern zu 12 und mehr Mann. Gegen diese ließ Rosenfeld aus seinen bei Gaustadt an der Elsterstütz aufgestellten Regimentern 4 Grenadier-Compagnien, darunter die bayreuthische und würzburgische unter Hauptmann Trünemann, im Sturmschritte vorrücken. Die Feldschützen der Preußen hatten sich unterdessen im Getreide versteckt und eröffneten auf die anrückenden Kreistruppen ein mörderisches Feuer, so daß diese hinter eine Scheune sich retiriren mußten. Als der Feind auch noch seine Kanonen ins Gefecht brachte, ließ Rosenfeld zwei Bataillons des Regiments Ferntheil, das eine am Steinthor, das andere auf dem Markt, nebst zwei Kanonen aufstellen. Nun zog sich Mayer mit seinem Corps zurück, wobei er von zwei Escadronen bis an den breiten See verfolgt wurde.

Mittlerweile hatte sich auch Driesen mit dem Hauptcorps der Stadt genähert; jetzt machte das Mayer'sche Freicorps einen frischen Angriff, den die Kreistruppen abermals kräftig zurückwiesen. Driesen ließ nichts besto weniger noch einmal angreifen, und zwar an drei Punkten: beim Gangolferthor, bei den Nonnen und am Steinweg. Das Gefecht und das gegenseitige Bewerfen mit Granaten bauerte mehrere Stunden. Endlich gelang es den Preußen, den Gangolfer Kirchhof zu besetzen. Dieses und der Umstand, daß Driesen die Vorstadt beim Nonnenkloster zum heiligen Grab in Brand steckte, nöthigte die Kreisvölker, sich in die innere Stadt zurückzuziehen, um diese zu schützen. Der Feind drang sogleich nach und besetzte die verlassenen Stellungen. Von hier aus drangen sie in die Wohnungen, die geplündert und verheert wurden. Dabei erschossen sie auch einen Canonicus des Collegiatstifts St. Gangolph, Namens Brockhaus, in seinem Wohnzimmer.

Als die Bürgerschaft sah, wie die Preußen immer weiter in der Stadt vordrangen, befürchteten sie ein gleiches Schicksal, wie die Vorstadt, die nun in vollen Flammen stand. Es entstand Alarm und man hörte das Geschrei: „Wir haben doch so viel Steuer bezahlt, und jetzt sollen wir unsere Häuser auch noch verlieren!" Das Gefecht dauerte unterdessen ununterbrochen fort. Einige Bürger wollten zum Feuer laufen, um zu löschen; aber die Preußen schossen auf sie und tödteten ihrer zwei.

Endlich ward dem Schießen Einhalt gethan. Nachmittags 3 Uhr erschien ein feindlicher Trompeter bei den vom Oberstlieutenant von Fetzer commandirten Grenadieren, mit der Aufforderung, sie sollen das Feuer einstellen und Unterredung pflegen. Sie — die Preußen — seien ja als Freunde, nicht als Feinde gekommen, und nicht gesonnen, Land und Leute zu verderben. General von Rosenfeld soll Stillstand machen und eine Capitulation eingehen, ehe die ganze Stadt in einen Aschenhaufen verwandelt werde. — Nun wurde der geheime Rath und Vicedom von Rotenhan und der Major Schertel von Burtenbach an Driesen abgeschickt, mit dem Anerbieten, es soll eine 24stündige Waffenruhe abgeschlossen und inzwischen nach Würzburg an den Bischof berichtet werden. Driesen ging darauf nicht ein und verlangte Capitulation behufs Schonung der Stadt, wobei er versprach: „es soll keine Serviette entwendet werden".

Die Capitulation wurde angenommen und abgeschlossen. Sie lautete: „Die Regimenter und übrigen Truppen erhalten freien Abzug mit allen Ehren, mit Bagage, Artillerie und Vorspann. Innerhalb 24 Stunden sollen sie nicht verfolgt werden. Die aus 63 Mann bestehende bambergische Garnison bleibt in der Stadt. Die Kriegscommissäre sollen kriegsgefangen sein. Marodeurs und Weiber und dergleichen sollen nicht in die Stadt gelassen, und der Bürgerschaft kein

Schaden zugefügt werden. Das Eigenthum des Bischofs, des Hofes, der Stände, Klöster und Einwohner soll unangetastet bleiben und gute Ordnung und Mannszucht gehalten werden."

Unterdessen war es Abend geworden. Der Brand wüthete noch immer fort, und erst nach Abschluß der Capitulation ging man auch an's Löschen. Es lagen nunmehr schon 56 Häuser und Nebengebäude in Asche. Die Preußen hatten angezündet, weil, wie sie behaupteten, die Einwohner auf sie geschossen und ihnen zwei Mann getödtet hätten. Ihr Verlust betrug an diesem Tag gegen 70 Mann.

Die Kreistruppen, die sich trefflich gehalten [18]), zogen sich gegen 10 Uhr Abends auf der Straße nach Würzburg zurück. Um Mitternacht rückten die Preußen in die Stadt. Sie quartierten sich selbst ein; in manchen Häusern lagen ihrer 20, 30, 40 bis 60 Mann. Die Häuser der Geflüchteten wurden besonders stark belegt. Die Einquartierung ging ohne Excesse ab; nur das Mayer'sche Freibataillon ließ sich Manches zu Schulden kommen.

Doch das Beste sollte erst nachkommen. Nachdem Driesen Herr der Stadt war, diktirte er Bedingungen des Siegers, indem er 2 Millionen Thaler als Contribution und die Lieferung von 500 Remontepferden forderte und innerhalb 48 Stunden Erklärung hierüber verlangte. Auch sollen alle fürstlichen und anderen Gewehre ausgeliefert und den Generalen und Offizieren gute Douceurs ausbezahlt werden. Letzteres geschah alsbald und kostete der Stadt große Opfer; sie mußten gebracht werden, um die Offiziere einigermaßen bei gutem Willen zu erhalten. Endlich erfolgte auch die verlangte Erklärung des Bischofs. Er erbot sich 1 Million Thaler Contribution zu zahlen und zwar innerhalb 14 Tagen. Dagegen soll Bamberg und Würzburg während des ganzen Krieges mit allen ferneren Geld- und Naturalforderungen, Fouragelieferungen und Frohnen verschont, von den preußischen Truppen geräumt und nicht mehr betreten werden. Alle abgenommenen Gewehre, Rüstungsgegenstände und Habseligkeiten sollen zurückgestellt, die junge Mannschaft mit der Rekrutirung verschont, die weggenommenen 150 Bauernpferde den Preußen zwar belassen, aber alle weiteren Pferdelieferungen eingestellt werden. Die Beleidigung

---

[18]) Namentlich hatten sich die bayreuthischen Grenadiere durch ihre tapfere Haltung ausgezeichnet.

des preußischen Militärs, falls solche vorgekommen, soll ungeahndet bleiben und der Abmarsch aus der Stadt bei Tag erfolgen.

Driesen ließ sich nur den ersten Punkt, nämlich eine Million als Contribution, gefallen. Auf die übrigen Punkte der bischöflichen Erklärung ging er entweder gar nicht, oder nur bedingungsweise ein.

Nun wurde von Seiten Bambergs zur Beitreibung der Contribution geschritten, Alles, was an herrschaftlichen Geldern noch vorhanden war, dann die Baarsummen in den Klöstern und Stiften, die Depositen der milden Stiftungen und der Bürgerschaft, ja sogar Pupillengelder mußten herhalten; aber deßungeachtet fand sich an Baargeld nicht mehr als 150,000 fl., die an die Preußen abgeliefert wurden. Diese suchten sich nun auf andere Weise zu entschädigen. Sie gingen in die Hofkapelle. Hier fanden sie das Silber des Domstifts und der Kirchen, Klöster und Collegiatstifte, bestehend aus silbernen Bildern, Leuchtern, Ampeln, Rauchfäßern, Meßkännlein, Antipendien und Opfergeldern. Alles wurde von ihnen fortgeschleppt, desgleichen das zum täglichen Gebrauch des Bischofs nöthige Tafel- und Hofsilber. Alles zusammen hatte ein Gewicht von 5565½ Mark und 2 Quint. Davon waren 990 Mark vom Domstift, 231 Mark 8 Loth vom Collegiatstift St. Stephan, 350 Mark 8 Loth 2 Quint vom Stift St. Gangolph, 145 Mark 8 Loth vom Stift St. Jakob, 220 Mark 8 Loth von der St. Martinskirche, 225 Mark 8 Loth von der oberen Pfarrei, 189 Mark 12 Loth vom Kloster Mönchsberg, 226 Mark vom Jesuiten-Collegium, 138 Mark vom Dominikanerkloster, 176 Mark vom Carmelitenkloster und 2672 Mark 12 Loth aus der Silberstube der bischöflichen Hofhaltung.

All' dieses reichte aber noch nicht, um die Million Thaler voll zu machen. Nun mußte aus den herrschaftlichen und Klosterkassen der letzte Rest der vorhandenen Baarschaft herbeigeholt werden. Da sich hier nur ganz unbedeutende Summen vorfanden, drohte Driesen, die Residenz und die Domherrnhöfe den Soldaten zur Plünderung preiszugeben. Um das Unheil von denselben abzuwenden, mußten Salvegardebriefe mit großen Kosten für sie erkauft werden. Als Driesen sah, daß die Contribution nicht beigeschafft wurde, ließ er den Vicestatthalter und Domkapitular von Werdenstein, den Hofkapitular Freiherrn Karg von Bebenburg, den geheimen Rath und Vicedom von Rotenhan und den geheimen Rath und Oberstallmeister Freiherrn von Redwitz arretiren, um sie als Geiseln zu behalten. Denselben wurden später noch beigesellt der Weihbischof und Provikar **Heinrich Joseph von Nietke** und der Prior des Klosters Mönchsberg.

Uebrigens machte sich das Corps des Generals **Driesen** gute Tage zu Bamberg. Sie leerten den ganzen Hofkeller und ließen sich die guten Weine trefflich schmecken. Die Generäle, Oberoffiziere und Soldaten schoßen sich in den fürstlichen Wildgehegen guten Braten, so daß die bischöfliche Wildfuhr an Wild ganz erschöpft wurde. Am schlimmsten führte sich das **Mayer**'sche Freibataillon auf; es erbrach sogar die Frohnveste und das Zuchthaus, um die Verbrecher loszulassen. Aber **Driesen** ließ diese Gebäude und die Finanz- und Steuerämter schnell mit Wachen besetzen, um weiteren Exzessen zu begegnen.

Am meisten fühlten sich die Preußen angezogen vom Kloster Mönchsberg ob Bamberg; die größte Anziehungskraft aber lag, wie es scheint, nicht in der reizenden Lage allein, wodurch sich dieses Kloster auszeichnet. Oberst **Mayer** kam schon am 1. Juni in dasselbe und fragte nach Landkarten. Er nahm einen Atlas mit, der dem Kloster 100 fl. gekostet hatte. Auch mußte es 6 neue Stücklein und 4 Doppelhaken und alle Gewehre des Prälaten ausliefern, und überdieß 38 Mann täglich verpflegen, die am Burgthor bei St. Jakob standen. Die Offiziere luden sich bei den Klosterherren täglich zu Tische. Ein Salvegardebrief mußte um 30 Dukaten erkauft und dem Adjutanten des Obersten **von Arnstett**, Herrn **von Roden**, ein Douceur im Betrage von 10 Carolins verabreicht werden. 189 Mark 12 Loth Kirchen- und Tischsilber wurde weggenommen und eine Baarsumme von 7819 fl. an die preußische Kriegskassa abgeliefert. Sie vermutheten noch mehr, und holten zuletzt auch noch den Rest der Klosterkassa, bestehend in 600 fl. und des Prälaten bestes Reitpferd. Als sie den Prior als Geisel abführten, drohten sie, ihm recht schlechtes Quartier zu geben, wenn nicht ein Douceur gereicht werde. Das Kloster gab 10 Carolins und mußte noch weiteres Douceur und eine Kugelbüchse geben, als sie noch einmal kamen, um nach Gewehren zu suchen, und als die schwarzen Husaren das Klosterthor stürmen und den Einlaß erzwingen wollten.

Während dieses zu Bamberg geschah, ging es auf dem Lande auch nicht besser zu. Husaren und andere Militär-Abtheilungen durchstreiften es nach allen Richtungen. Das **Mayer**'sche Freicorps zeichnete sich auch hier durch unzählige Expressungen und Gewaltthätigkeiten aus. Am 2. Juni marschirte es aus Bamberg in der Richtung gegen Würzburg, wobei es namentlich das Amt Burgebrach schrecklich heimsuchte. Dann drang es bis auf 4 Stunden gegen Würzburg vor; hier wurde es aber von kaiserlichen Husaren angegriffen und nach Bamberg zurückgeworfen, wodurch das dortige Elend nur um so größer wurde. Im Amte Scheßlitz und insbesondere im Dorfe Litzendorf verursachte es einen Schaden von 12,119 fl. 17½ kr. In Litzendorf verjagte es den Pfarrer, und ließ es die Kirchengelder, und was sich an Silber vorfand, mitgehen.

Zu Hallstadt und in dem dortigen Amtsbezirke hausten 2 Eskadronen Kürassiere vom Regiment des Prinzen von Preußen unter dem Commando des Oberstwachtmeisters von Arnstett, und 500 schwarze Husaren unter Oberstlieutenant von Belling, die sich nicht viel besser aufführten als das Maher'sche Corps, so daß das Hallstadter Amt einen Schaden von 10,566 fl. 52¾ kr. erlitt.

Die Aemter Weißmain, Lichtenfels, Banz, Tambach, Staffelstein, Zapfendorf, Döringstadt, Rattelsdorf, Baunach, Zeil, Schlüsselau und Bechhofen und die Klöster Banz und Langheim wurden von verschiedenen Streifcorps heimgesucht und mit Natural-, Vieh- und Pferdelieferungen, Vorspannen und Geldforderungen gequält. Auch die Aemter Höchstadt, Herzogenaurach und Oberscheinfeld wurden nicht verschont; sie mußten Pferde und Geld liefern. In den Aemtern Eggolsheim, Ebermannstadt, Pottenstein und Weischenfeld schatzten die schwarzen Husaren des Oberstlieutenants von Belling. In Pommersfelden forderten die Streifer 10,000 fl. Sie machten oft ungeheure Forderungen die sie zuletzt gegen ein Douceur von etlichen Gulden aufgaben. Wo sie hinkamen, mußten alle Gewehre ausgeliefert und Vorspann geleistet werden. Die Gewehre wurden nach Bamberg gebracht. An sämmtliche Gutsbesitzer erging die Aufforderung, ihre Leute zu entwaffnen und die Waffen in Verwahrung zu nehmen, widrigenfalls nach Kriegsgebrauch wider sie verfahren werden soll. Diese Maßregel wurde veranlaßt durch den bewaffneten Widerstand, den die Bauern in einigen Gegenden den fürchterlichen Plackereien der Preußen entgegen setzten. Als General von Rosenfeld bei Lichtenfels stand und dann nach Bamberg marschirte, schlossen sich ihm viele bewaffnete Bauern an, fest entschlossen, ihr Vaterland mit Gut und Blut zu vertheidigen. Zu gleicher Zeit erhoben sich die Bauern in den Aemtern Höchstadt und Forchheim. Sie erschossen mehrere streifende Husaren, unter Andern einen Wachtmetſter ſammt 3 Gemeinen, und verſchonten ſelbſt des Wachtmeiſters Frau nicht. Die Unglückliche wurde von ihnen todtgeſchlagen. Als vor der Feſtung Forchheim abermals ein Huſar erſchoſſen wurde, nöthigte General Drieſen die bambergiſche Statthalterei zur Abſendung eines Befehles an den Feſtungskommandanten, er ſoll alle Thätlichkeiten vermeiden, die Ausſchußmannſchaft aus der Feſtung entfernen und die Thore offen laſſen. Aber der Commandant und die Bürgerſchaft kehrten ſich nicht daran, ſondern verdoppelten ihre Vertheidigungsanſtalten, feſt entſchloſſen, ſich bis auf's Aeußerſte zu vertheidigen. Auch mochten ſie wohl merken, daß der Befehl erzwungen war. Denn ſchon unter'm 30. Mai hatte der Commandant von der Statthalterei den Befehl erhalten, Forchheim zu vertheidigen, auch wenn Bamberg in Feindeshand kommen ſollte.

Auch im Würzburgiſchen wurde die Ausſchußmannſchaft unter Waffen gerufen, um den Feind von den Gränzen des Hochſtifts abzuhalten. Drieſen erklärte deßhalb dem Biſchof, wenn dieſe Mannſchaft an die Gränzen des Bisthums Bamberg marſchire, ſo werde er das ganze Land mit Sengen und Brennen verheeren. Der Biſchof beruhigte ihn durch die Erklärung, die Mannſchaft werde nur innerhalb des Würzburger Gebietes gegen das Mayer'ſche Freicorps verwendet. Drieſen hatte auch Würzburg, Ansbach und Nürnberg einen Beſuch zugedacht. Aber vom untern Main herauf zogen walloniſche Regimenter, um ſich mit dem Corps des Generals Roſenfeld zu vereinigen, das ſich bei Kitzingen aufgeſtellt hatte, und bewaffnete Bauernſchaaren erhoben ſich allenthalben im Lande, ſo daß ein weiteres Vordringen für die Preußen verderblich werden konnte. Auch ein churpfälziſches Dragoner-Regiment befand ſich auf dem Anmarſch, um zu Roſenfeld zu ſtoßen. Dieſe feindlichen Streitkräfte und die Bewegungen der Oeſterreicher in Böhmen, die auf einen Marſch nach Franken deuteten, bewogen den General Drieſen zum Rückzug.

Der Abmarſch aus Bamberg erfolgte am 10. Juni. Vorher wurde den Einwohnern noch eine Menge Effekten und Baargeld unter dem Titel „Reiſe- und Abzugsgeld" abgepreßt. Die 6 Geiſeln, desgleichen die bambergiſchen Haustruppen, aus 63 Mann und etlichen Offizieren [19]) beſtehend, die Pferde des biſchöflichen Hofſtalles, 2 Kanonen, viele Wägen, mit Koſtbarkeiten und Beute beladen, wurden von

---

[19]) Dieſe wurden in Bayreuth wieder entlaſſen.

den Preußen fortgeschleppt. Die zu Bamberg und in den Aemtern weggenommenen Gewehre wurden von ihnen theils zerschlagen, theils in die Regnitz geworfen, die besseren aber nahmen sie mit.

Auf dem Abzuge wurden noch die Aemter Memmelsdorf und Hollfeld arg mitgenommen und die Gärten des fürstlichen Schlosses Marquardsburg bei Seehof stark ruinirt. Man schätzte den Schaden auf 30,000 fl. Der Vogt zu Memmelsdorf wurde so unmenschlich behandelt, daß er in Folge der erhaltenen Verletzungen wenige Wochen darnach starb, und der Vogt zu Hollfeld bis Hof als Geisel mitgeschleppt.

Der Schaden, den Bamberg und das Gebiet des Hochstiftes bei dieser Invasion erlitt, belief sich auf 597,866 fl. 24¼ kr. Davon kamen 288,797 fl. 37½ kr. auf die Contribution, Douceurs, Sauves-Gardes, abgenommene Effekten und ruinirte Feldfrüchte, 19,781 fl. 15 kr. auf abgebrannte Gebäude, 111,310 fl. 37½ kr. auf das Hof- und Kirchensilber, 65,905 fl. 54¾ kr. auf die Verpflegung der Truppen, 41,585 fl. 18½ kr. auf die weggenommenen Gewehre und die Munition, 5,365 fl. 58½ kr. auf Fourage-Lieferungen, 19,735 fl. 22½ kr. auf 332 Reit- und Zugpferde, 39,755 fl. 20 kr. auf 1070 Ochsen und 5629 fl. auf Anspannen.

Die Preußen wollten sich über Bayreuth und Hof nach Sachsen zurückziehen. Als sie am 18. Juni das bei Adorf lagernde Corps des Generals Lubinsky angriffen, wurden sie von demselben bis Hof zurückgeworfen. Sie mußten deßhalb über Plauen nach Zwickau marschiren.

Daß bei ihrer Invasion in Franken noch Größeres beabsichtigt, und daß namentlich auch Nürnberg eines ihre Ziele gewesen, haben wir gehört. Schon unter'm 29. Mai schrieb Driesen — er war damals in Bayreuth — an Nürnberg, es soll des Königs Feinde nicht mehr unterstützen und die an die Reichsarmee abgegebenen Kanonen wieder zurückfordern. Die Reichsstadt antwortete, durch die Abgabe der Kanonen habe sie nichts Anderes gethan als dasjenige, wozu sie durch die Reichs- und Kreisschlüsse verbunden sei; die Zurückführung derselben stehe nicht mehr in ihrer Macht. Der König werde dieses in Ungnade nicht vermerken, und Prinz Heinrich nichts Feindliches über die Stadt verhängen.

Um zu zeigen, daß es ihm Ernst sei, und um die Stadt willfähriger zu machen, ließ er einzelne Detachements gegen die nürnberger Grenze nach Betzenstein und Auerbach und in die dortige Gegend streifen. In Nürnberg war der Schrecken und die Rathlosigkeit wo möglich noch größer als im vorhergehenden Jahre bei der Mayer'schen Invasion, namentlich als die Nachricht kam, Bamberg habe capitulirt.

Der kaiserliche Minister von Wiedmann, der sich damals zu Veitshöchheim aufhielt, war wegen der Haltung Nürnberg's nicht ohne Grund sehr besorgt; er schrieb wiederholt an den Rath, die Stadt soll sich ja mit den Preußen nicht einlassen, das Schreiben des Generals Driesen nicht beantworten, und ihre Pflichten gegen Kaiser und Reich besser in Obacht nehmen als im Jahre 1757. Der Rath soll nur die Thore schließen; das preußische Corps sei nicht stark und nicht im Stande, das wohlbefestigte Nürnberg zu nehmen. Der Rath erwiderte, die Stadt sei von aller Kreismannschaft und der Kreisarmada entblößt; der Kreisconvent habe ihm auf die Anfrage, wie er sich gegen die anrückenden Preußen verhalten soll, keinen Beirath gegeben; die Kreismitglieder seien fort und hätten Nürnberg seinem Schicksale überlassen. Auch Bamberg habe der Uebermacht weichen müssen; also ließen sich für Nürnberg wohl schwerlich Rettungsmittel ausfindig machen, dem anrückenden Feind zu widerstehen und die Landschaft vom Ruin zu retten. Nürnberg wolle keine anderen Maßregeln ergreifen als solche „die unabbrüchlich seine reichs= und kreisständischen Obliegenheiten, seine dermalige Situation und die durch die Entbehrung der höchst nöthigen reellen Assistenz an den Tag liegende Exponirung der größten Gefahr unumgänglich nothwendig machte, somit auch für Gott und dem allerhöchsten Oberhaupt im Reich sattsam legitimiren wird."

Die Situation Nürnberg's war allerdings keine erfreuliche. Denn Reichs= oder Kreistruppen waren nicht in der Nähe und der Kreisconvent, der zu Nürnberg tagte und bei dem der Rath Hilfe suchte, war wo möglich noch rathloser, als die Regenten Nürnberg's. Diese erhielten von ihm zur Antwort: Nürnberg wisse die Reichsgesetze und die daraus fließenden Verbindlichkeiten selbst; das Weitere müsse „der Prudence" des Rathes überlassen werden. Zu großer Macht könne wohl nicht widerstanden werden. — Solche Aeußerungen und das ganze Benehmen des Kreisconvents waren freilich nicht geeignet, den Muth der Stadt zu erhöhen. Die Kreisgesandten hatten den Kopf völlig verloren und flohen nach Rothenburg. Aber auch hier hielten sie sich nicht sicher; sie wollten ihre Flucht bis Nekars=Ulm und Heilbronn fortsetzen, als säßen ihnen die Preußen schon im Nacken. Was ihre Besorgnisse in so hohem Maße erregte, bestand in dem leeren

Gerüchte, die Preußen seien in Langenzenn eingerückt und im Anzuge gegen Nürnberg.

Nach dem Abzuge des Kreisconvents wurden auch die Lazarethe der Kreistruppen aus Nürnberg fortgeschafft und in Sicherheit gebracht. Die kaiserliche Werbung machte sich gleichfalls aus dem Staube. Nun wurden die Genannten des größern Rathes zusammen gerufen und ihnen das Patent kundgegeben, das General Driesen unter'm 29 Mai an den fränkischen Kreis erlassen hatte und worin er alle Angehörigen desselben von jedem Widerstande abmahnt und versichert, daß seine Absichten ganz friedlicher Natur seien [20]. Die Genannten möchten also dafür sorgen, daß sich die Bürger „von allen anzüglichen Discursen und heftigen Bewegungen" ferne halten, und sie sollen sich schlüssig machen, was „in hoc frangenti" zu thun sei. Die Genannten sagten, sie wollten Alles dem Rathe anheim stellen; er werde am besten wissen, was vorzukehren oder zu thun sei. Einige meinten, man soll die Thore schließen und „einige Resistenz zeigen, aber bei Anwendung der Gewalt von Seite der Preußen gleich die Segel streichen." Zwei votirten, man soll sich mit Gebet waffnen, und etliche Andere, man soll sich auf's Bitten verlegen oder Neutralität ergreifen.

Damit denn doch etwas geschehe, ließ der Rath Patrouillen ausschicken, die Gattern und kleinen Thürlein und den Einlaß schließen, die Wachen verstärken und die Bürgerschaft in Bereitschaft halten. Den Bürgertambouren wurde untersagt, während und nach der Vesper mit ihrem Spiel aus der Stadt zu gehen und herumzuschlagen, und dem Pfleger der Veste Lichtenau befohlen, den Preußen keinen Vorschub zu thun, aber der Gewalt zu weichen.

Anderwärts war übrigens der Schrecken und die Furcht auch nicht viel geringer. In Ansbach sah man stündlich dem Anrücken von 2 preußischen Regimentern entgegen. Vieles wurde geflüchtet, alle Kanonen wurden auf die Veste Wilzburg gebracht und die Kasernen und das Waisenhaus geräumt ꝛc.

Die Sache ging jedoch mit dem bloßen Schrecken ab. Die Preußen fanden keine Gelegenheit, nach Nürnberg und Ansbach zu gehen. Als sie retirirten, wuchs den Geängstigten der Muth wieder, und der Rath zu Nürnberg hatte sogar die Keckheit, in einem Schreiben

---

[20]) Die Gemeinde zu Fürth erklärte gleich, sie wolle sich dem Patente gemäß bescheiden, still und eingezogen halten und die Preußen willig aufnehmen.

an den Minister von Wiedmann sich seiner Defensionsanstalten und treuen Beobachtung seiner Pflichten gegen Kaiser und Reich zu rühmen. Mit Recht erwiderte Herr von Wiedmann, er habe zwischen dem frühern Schreiben des Rathes und dem jetzigen einen merklichen Unterschied gefunden.

Nürnberg blieb also für diesmal und für die nächsten 3 Jahre verschont. Nicht so gut erging es dem so hart mitgenommenen Hochstift Bamberg. Das Jahr 1759 brachte die Preußen abermals in's Land. Es ist die Invasion unter General von Knoblach, der ein zur Armee des Prinzen Heinrich gehöriges Corps von 12,000 Mann in's Hochstift führte und unter dem die Generalmajore von Itzenplitz und Horn standen. Es wiederholte sich dasselbe traurige Schauspiel der Erpressungen, Gewaltthätigkeiten, Plünderungen und Requisitionen wie im vorhergehenden Jahre. An vielen Orten überboten die preußischen Acteurs sogar ihre frühere Leistungsfähigkeit, so daß das Hochstift abermals um 828,764 fl. geschädigt wurde. Davon traf allein auf die Stadt Bamberg 306,457 fl. Durch excessives Benehmen that sich bei dieser Invasion besonders hervor das Freibataillon des Oberstlieutenants Wunsch.

III.
Die preußische Invasion
unter
General-Major von Kleist
im Jahre 1762.

Fast unmittelbar vor dem Schlusse des siebenjährigen Krieges wurde Franken noch einmal von einer preußischen Invasion heimgesucht. König Friedrich war im Jahre 1762 nach Schlesien und von da nach Sachsen vorgedrungen, um sich mit dem Armeecorps seines Bruders Heinrich zu vereinigen. Hier schloß er am 24. November mit den Oesterreichern einen Waffenstillstand, der aber nur für Sachsen und Schlesien und für die preußischen und österreichischen Provinzen Geltung haben sollte. Diesen Waffenstillstand benützte der König, um ein Corps von 10,000 Mann in's Reich zu schicken und die feindlich gesinnten Reichsstände zur Neutralität zu zwingen. Der Generalmajor von Kleist wurde von ihm ausersehen, in Franken einzubringen und die Hochstifte Bamberg und Würzburg und die Reichsstadt Nürnberg zu überziehen. Diese Reichsstände hatte der König schon in den Jahren 1757, 1758 und 1759 wiederholt zur Neutralität aufgefordert. Gedrängt durch die in Franken eingezogenen preußischen Corps hatten sie Neutralität zwar zugesagt, aber nach beseitigter Gefahr waren sie immer wieder gut kaiserlich und ließen sie ihre Contingente zur Reichsarmee stoßen.

Friedrich wollte dieses nicht ungeahndet lassen. Nürnberg hatte überdies seinen Residenten, den geheimen Kriegsrath Isaak Buirette von Oehlefeld, aus der Stadt gewiesen. Dafür sollte es gezüchtigt werden. Gedroht wurde den fränkischen Ständen schon im Jahre 1759, und zwar durch eine Denkmünze, die damals erschien, und deren Avers das Bildniß Friedrichs mit der Umschrift Fridericus II., Romanorum Rex 1759, der Revers folgenden Spruch zeigte:

>Nürnberg
>Und Frankfurt
>Will Ich's henken.
>Bayreuth
>Und Ansbach will Ich's
>Schenken.
>Bamberg und Würtzburg
>Will Ich's weisen
>Daß Ich bin der
>König in
>Preußen.

General von Kleist marschirte von Saaz gegen Franken. Sein Corps war 5—6000 Mann stark. Bamberg, das schon bei den frühern Invasionen ein Hauptziel gewesen, kam auch diesmal zuerst an die Reihe. Es wurde besetzt und mußte sich zur Zahlung einer Million Thaler verpflichten. Von Bamberg aus ließ Kleist seine Husaren und Dragoner nach allen Richtungen streifen. Eine Abtheilung Dragoner überfiel am 22. November die Reichsstadt Windsheim mit stürmender Hand. Die Stadt wurde 2 Tage lang von ihnen geplündert. Aus dem Zeughause nahmen sie 13 metallene und 1 eiserne Kanone im Werth von 3975 fl., 260 neugeschäftete mit rothen Riemen versehene Gewehre, 1560 fl. werth, drei feinpolirte ganze Kuirasse, die der Blutrichter und die Einspännigen der Stadt bei peinlichen Halsgerichten trugen, einen großen Ritter-Turnierhelm, ein großes feines Schlachtschwert, 3 kurze Gewehre, einen fünfspitzigen Morgenstern, eine Strickleiter, einen Bund Lunten, einen Bund Pfeile und 3 Protzwägen. Auch nahmen sie der Stadt 6 Schimmel, 5 Rappen und 2 Wägen, und den Bauern im städtischen Gebiete 31 Pferde. Die Bauern, welche ihre Pferde behalten wollten, mußten dieselben das Stück zu 40 Reichsthaler ablösen. Ueberdieß sollte Windsheim 50,000 fl. Contribution zahlen. Kleist ermäßigte dieselbe auf 12,000 fl. Da diese Summe nicht gleich bezahlt werden konnte, wurden Geiseln nach Bamberg mitgenommen; dieselben erhielten ihre Freiheit wieder, als die 12,000 fl. in Wechseln übermacht worden.

Auch in Oberzenn [21]) fielen die Reiter ein, und ihr nächstes Ziel war die Reichsstadt Rothenburg an der Tauber. Als diese von

---

[21]) Hier nahmen sie zwei Herren von Seckendorf mit sich.

dem Einfall in Windsheim und Oberzenn Kunde erhalten, schickte sie reitende und gehende Boten aus. Es wurden alle Thore und Gattern am 23. November geschlossen. Kaum war dieses geschehen, als vier Husaren mit gezogenen Säbeln vor das Galgenthor kamen und Einlaß begehrten, mit der Drohung, sie werden die Thore und Gattern einhauen, wenn nicht aufgethan werde. Ein Husar erschien vor dem Klingenthor; er fragte, ob der General — er meinte den französischen — in der Stadt sei; man soll aufmachen, oder er schieße auf den Thorwart. Unterdessen hieben und schlugen ein Zimmermann und zwei Husaren so lange an das Seitenthor bei dem Burgthor, bis sie es zertrümmert. Dies Alles ereignete sich so plötzlich, daß der innere und äußere Rath kaum Zeit fand, sich zu versammeln. Es wurde beschlossen, weitere Gewalt abzuwarten und den commandirenden Offizier zu besprechen. Zwei Deputirte sollten auf die Stadtmauern gehen, um von da mit dem Offizier zu unterhandeln und demselben für seine Person den Eintritt anzubieten; das Corps soll sich inzwischen in Geduld und von allem gewaltsamen Zufahren abstehen.

Während die Deputirten sich auf die Stadtmauern begaben, fuhren die Husaren fort, die Gattern und äußeren Thore einzuhauen. Die Schlagbrücke am Galgenthor, wo ein großer Holzvorrath gelagert war, wurde von ihnen in Brand gesteckt und der Pfarrerssohn Hofmann von Neubronn durch den Kopf geschossen, daß er augenblicklich verschied. Derselbe stand bei einem Buchbinder in Rothenburg in der Lehre und hatte sich mit anderen Jungen aus Neugierde auf die Stadtmauer begeben. Während des Brandes am Galgenthor holten die Husaren Leitern aus dem vor der Stadt gelegenen Rappenwirthshause, wahrscheinlich in der Absicht, die Mauern zu ersteigen.

Nun kamen die Deputirten auf die Mauern und fragten, was der Preußen Begehren sei. Sie erboten sich, dem Offizier und einiger Mannschaft die Thore zu öffnen, unter der Bedingung, daß die Husaren vom Brennen abgehalten werden, und daß sie sich einquartieren lassen und gute Ordnung halten. Der Offizier versprach's; man soll ihn nur einlassen; denn der General sei im Anmarsch. Er werde der Stadt kein Leid zufügen; aber sie müsse Contribution zahlen. Auch sei es gut, daß sie von weiterem Widerstand abgestanden, sonst wäre es ihr schlecht ergangen, zumal der General in der Nähe stehe. Wahrscheinlich habe man die Thore deßhalb so lange geschlossen gehalten, um den französischen Werbern die Flucht zu erleichtern [22]). Dieser Offizier hieß L. F. von Sterzenberger und war Rittmeister bei den Jung-Kleistischen Husaren. Seine Mannschaft war 40 Köpfe stark.

Das Thor wurde geöffnet, und der Rittmeister und seine Husaren zogen in die Stadt, wo man Anstalten traf, den Brand am Thore zu löschen. Der Rittmeister begab sich auf's Rathhaus und quartierte sich im goldenen Lamme ein, während seine Husaren sich auf dem Markte postirten. Nun begab sich eine Rathsdeputation zu ihm; von derselben verlangte er 108,000 Thaler Brandschatzung, nämlich 100,000 Thaler für den König und 8,000 Thaler für den General und das Corps. Zwei der vornehmsten Kaufleute sollen sogleich zu ihm kommen und bis 1 Uhr in der Nacht müsse das Geld auf dem Tisch liegen; wenn nicht, so werde bei der Ankunft des Generals die Stadt an den 4 Enden in Brand gesteckt. Auch sollte augenblicklich eine Trommel und ein Trompeter zum Zusammenrufen der Mannschaft herbeigeschafft, zwei frische Pferde aus dem Marstall vor sein Quartier gebracht und ihm die Thorschlüssel behändigt werden.

Das Verlangte wurde geliefert; aber die Contribution zu zahlen, sei pure Unmöglichkeit; denn alle Kassen der Bürgerschaft seien während der Kriegsjahre erschöpft und die Bürger verarmt. Diese Vorstellung machte keinen Eindruck auf den Rittmeister; er antwortete, noch eine Stunde wolle er Zeit geben, und dann werde er die Häuser schon zu finden wissen, wo Geld wäre. Auch hätten schon Geiseln, an Stricken gebunden, neben ihm herlaufen müssen. Rothenburg soll sich nur nicht mit Gewalt unglücklich machen, „den Franzosen sei zuviel favorisirt worden." Die Deputation antwortete, den Franzosen sei nichts abgegeben worden als Fourage, und diese nur auf Grund der Kreisschlüsse. Nun verlegte sich die Deputation auf's Bitten; was aber auch nicht half. Der Rittmeister antwortete, er könne nichts nachlassen; denn er stehe in strengster Soldatenpflicht und in Gefahr, seiner Charge entsetzt zu werden. „Ich muß meine Ordre vollziehen", sagte er, indem er dieselbe vorwies. Man soll nur einen Anfang machen mit dem Geldeintreiben.

Mit der größten Mühe wurden nur 25,000 fl. zusammengebracht, und auch diese waren größtentheils erborgt. Der Rittmeister erklärte

---

[22]) Diese hatten schon vor der Ankunft der Preußen die Flucht ergriffen.

eine solche Summa für eine Bagatelle und befahl dem Wachtmeister, die Mannschaft auf dem Markte aufzustellen und sich des Zeughauses zu bemächtigen. Die Deputation bat, er soll davon abstehen und 30,000 fl. dafür nehmen. Er nahm das Geld und quittirte darüber als Abschlags-Zahlung. Dann verlangte er eine mit 6 Pferden bespannte Chaise, um das Geld fortzuführen. Mit dem Gelde führte er aber auch den Senator Held, den Lammwirth David Seyferlein und den Bürgermeister Albrecht als Geiseln mit. Sie mußten bis Bamberg marschiren, hier wurden sie jedoch wieder freigegeben, nachdem Kleist den übrigen Theil der Contribution nachgelassen.

Vor den Thoren Rothenburgs und in den Mühlen richteten die Husaren, ehe sie in die Stadt zogen, viel Schaden und Unheil an.

Nachdem die einzelnen Abtheilungen von ihren Streifpartien zum Hauptkorps wieder zurückgekommen, brach Kleist zu Bamberg auf, um nach Nürnberg zu marschiren. Bamberg wurde von ihm hart bedrängt; außer der Contribution sollte es auch Rekruten stellen und Montirungsstücke liefern. Das Kleist'sche Corps bestand aus rothen, grünen und schwarzen Husaren, Kleistischen Freidragonern und etlichen Bataillons Infanterie. Auf dem Marsche forderten sie starke Brandschatzungen, Douceurs und Naturallieferungen. In Lonnerstadt verlangten sie 2000 fl. Der Pfarrer gab 30 fl. dazu her; aber sie erpreßten von ihm noch weitere 15 fl. unter Androhung verschiedener Thätlichkeiten. Alle Dörfer, die in der Nähe ihres Weges lagen, wurden von ihnen gebrandschatzt.

Ihr Zug ging über Erlangen und Fürth. Am 28. November Nachmittags zwischen 3—4 Uhr kamen sie in Fürth an. Zwei Stunden später kam Kleist mit 60 Husaren. Er wohnte im Stollberg'schen Gasthause und ließ sogleich den Bürgermeister in's Quartier rufen. Dieser sollte Anstalten treffen, daß von der Gemeinde Wägen, soviel nur immer aufzutreiben, und Leitern, Hauen, Schaufeln und Stricke geliefert werden[23]). Die Christengemeinde sollte 17,000 fl., die Juden 20,000 fl. Contribution zahlen; diese Forderung wurde jedoch später, wie es scheint, etwas ermäßigt. Fürth stellte 12 vierspännige Wagen nebst vielen Leitern und Hacken. Aehnliche Requisitionen wurden in den Dörfern Höfen, Latz, Geismannshof, Poppenreuth, Doos,

---

[23]) In Fürth erklärten die Preußen, sie werden Nürnberg stürmen und plündern, wenn nur ein einziger Schuß falle.

Schniglung, Wetzendorf und Höfles, namentlich an die nürnbergischen Unterthanen gestellt. Poppenreuth allein mußte nur an Douceurs 499 Reichsthaler und 8 Groschen zahlen und in jedes Haus 20—30 Mann aufnehmen. Bei diesen Requisitionen und Landsteuer-Erhebungen wurden die Preußen durch bayreuthische und ansbachische Amtsknechte unterstützt.

Des nächsten Tags (29. November) ½10 Uhr kamen die Husaren und Grenadiers aus Fürth und der Umgegend in großer Anzahl und in Begleitung von mehreren 100 Bauern, Knechten und Taglöhnern und mit 60 vierspännigen Wagen, die mit Leitern, Hacken, Brettern und Pfählen beladen waren, zu dem Bleiweißgarten, der an der Bärnschanze vor Nürnberg liegt. Dem dortigen Gärtner nahmen sie alles, was sie an Balken, Brettern und Stangen vorfanden. Sie hatten es jedenfalls auf einen Sturm abgesehen, und Offiziere und Gemeine freuten sich schon auf die Plünderung. Andere meinten, es werde wohl alles mit Geld abgemacht werden und gar nicht zum Sturm kommen. Die grünen Husaren streiften auf den Landstraßen vor Nürnberg und nahmen den Leuten, die ihnen begegneten, Geld, Sackuhren, silberbeschlagene spanische Rohre und Anderes.

So leicht, als die Preußen meinten, möchte denn doch die Einnahme Nürnbergs nicht vor sich gegangen sein, vorausgesetzt, daß man es ernstlich vertheidigen wollte, und auch die Bürgermiliz dazu verwendete. Der Rath hatte, als am 20. November die Nachricht von der Besetzung Bambergs durch Kleist eingetroffen, alsbald Anstalten gegen einen feindlichen Ueberfall getroffen. Gleich des andern Tags wurden auf Antrag des zu Nürnberg befindlichen Sekretärs, des kaiserlichen geheimen Raths und Ministers von Widmann die in der Stadt befindlichen Geiseln unter militärischer Bedeckung nach Regensburg instradirt, und die Stabsoffiziere, der Oberstlieutenant und Zeugmeister Edel, der aus venetianischen Diensten zurückgekommene Artillerie-Oberstlieutenant Welsch, der Platzmajor und Oberstlieutenant von Imhof, der vormalige Cavalerie-Major von Heystein, der Hauptmann von Schippach und der aus der Kriegsgefangenschaft zurückgekommene Fähndrich von Grundherr, zum Kriegsrath beigezogen und ein genauer Etat über die vorhandene Kriegsmannschaft entworfen. Dieser zeigte folgende Zahlen: 84 Mann der Schöppach'schen Compagnie vom Hohenlohe'schen Kreisregiment, 98 Invaliden, die von den Regimentern als unbrauchbar zurückgeschickt worden, 76 uneingeübte Rekruten,

15 alte und untaugliche Leute der vormaligen Stadtcompagnie, in Summa 273 Mann. Die äußeren Posten, die mit Ausschüßern besetzt waren, zählten 79 Mann, und die Bürgerwachen, welche täglich auf die Wachen zogen, 114 Mann, so daß in allem an regulärer und irregulärer Mannschaft 466 Köpfe vorhanden waren. Dabei kommt zu bemerken, daß die Ausschüßer keine Montur, und nur schlechte Gewehre hatten und größtentheils durch Lohnwächter vertreten waren. Zu jenen 466 Mann kamen noch 20 Einspännige und einige Cavalerie-Rekruten.

Die Ausschüßer an den äußeren Posten, die nicht im Stande waren, die ausgedehnten Linien gehörig zu besetzen, wurden in die Stadt hereingezogen, dagegen an den Barrieren der Linien, behufs Oeffnung und Schließung derselben und zur Rapport-Erstattung je 2 Mann belassen. Um so mehr aber wurde die Wache am Einlaß verstärkt, der Ein- und Ausfluß der Pegnitz mit zahlreicher Mannschaft besetzt, auf die einem feindlichen Ueberfall am meisten ausgesetzten Posten größtentheils reguläre Mannschaft commandirt, und die zur Sperrung des Flusses vorhandenen Ketten an den Schoßgattern angebracht. Das Zeughaus erhielt eine Besatzung von Bürger-Constablern, und von den vier Hauptthoren durften abwechselnd nur 2 geöffnet werden. Ihre Oeffnung erfolgte später als gewöhnlich, und ebenso die Schließung früher. Alle übrigen Thore und Thürlein blieben ganz geschlossen. Vor der Oeffnung der Hauptthore wurden Cavalerie-Patrouillen zum Recognosciren auf 2 Stunden weit ausgesendet und geheime Kundschaft eingezogen. Sämmtliche Bürger-Compagnien erhielten Ordre zur Bereitschaft und auf den inneren Mauern der Stadtthore wurden Leute aufgestellt, um die über den innern Thoren befindlichen Spitzen fallen zu lassen, wenn der Feind herankomme oder wenn er die Schlagbäume und Gattern einhaue, auf die Zugbrücken und Thore schieße, und Gewalt ausüben wollen.

Der Rath hatte auch im Sinne, den kaiserlichen Generalmajor von Riedesel, der mit 200 Mann Cavalerie in die Nähe Nürnbergs gekommen war, in die Stadt hereinzuziehen oder doch in einer solchen Stellung vor deren Mauern zu belassen, daß er durch Aussendung von Patrouillen und Vorposten die Stadt vor einem plötzlichen Ueberfalle sicher stellen könnte. Riedesel hatte nämlich im Bambergischen Posto gefaßt, wurde aber von den Preußen zurückgedrängt und verfolgt, so daß sich das unter seinem Commando stehende **Kroneck**'-

sche Bataillon und das sächsische Contingent eiligst in die Festung Forchheim werfen mußten. Er selbst aber zog sich mit einer Cavalerie-Abtheilung auf das nürnbergische Gebiet zurück. Nun ersuchte der Rath den Kreisconvent, mit Riedesel zu unterhandeln, ob und wie er Nürnberg gegen die Preußen beistehen, und ob er nicht das Effer'sche Corps erwarten wolle, das bereits im Anzuge und an die oberpfälzische Grenze bis Weidhausen vorgerückt sei. Während die Unterhandlungen im Gange waren, kam die Nachricht, das Effer'sche Corps sei auf erhaltene Ordre wieder gegen Eger zurückgegangen. Hauptmann von Schöppach setzte den General hievon in Kenntniß und dieser erklärte, er wolle nun aufbrechen und das Effer'sche Corps aufsuchen. Er führte seinen Entschluß auch alsbald aus und marschirte am 23. November nach Altdorf, und von hier ins Sulzbachische und sofort ins Weidaufsche.

Da also weder von Riedesel noch dem Effer'schen Corps sobald Hilfe zu erwarten war, wurden die Vertheidigungsanstalten und Vorsichtsmaßregeln fortgesetzt. Zu den auf den Wällen und Thürmen befindlichen Kanonen wurden noch andere, und in die Werke bei dem Ein- und Ausfluß der Pegnitz viele schwere Geschütze gebracht, die tägliche Wachmannschaft auf 280 Köpfe verstärkt und den in den Stadtgräben befindlichen Pontons der Reichsarmee eine eigene Wache beigegeben.

Als die Nachricht eintraf, daß die Preußen von Bamberg abgezogen, Windsheim geplündert und Rothenburg gebrandschatzt worden, warf sich Nürnberg in vollen Harnisch. In der Reichsstadt herrschte der größte Waffenlärm, und es schien, als wolle sie sich auf Leben und Tod vertheidigen. Täglich wurden jetzt 319 Mann zur Wache beordert, das Holz aus dem Stadtgraben geführt, die Schlagbäume an den Stadtthoren mit Mannschaft besetzt, unter den Thoren und in den Zwingern die Kanonen geladen, die Brücke beim Vestnerthor abgeworfen, Genannte unter die Thore verordnet, die Eingänge in die Gräben und in's Vestnerthor verdämmt, Sturmbalken aufgestellt, die Vorspann zu den Kanonen bereit gehalten, Löschanstalten bei Feuersgefahr getroffen, der Markt als Alarmplatz bestimmt, die Einspännigen und ein Theil der Bürgercavalerie auf demselben aufgestellt, die Behältnisse in den Thorthürmen, Zwingern und Mauerumgängen, desgleichen die Schießscharten und Böden oberhalb der Pulverbehältnisse geräumt und in Stand gesetzt, Pechpfannen, Pechkränze und Laternen unter und vor den Thoren aufgestellt, in der Vorstadt Wöhrd das Wollen- und das Mögeldorferthor verschlossen und die Wachen am Stadt- und Wasserthor verstärkt, und unter dem Hauptthore 23 Haubitzen und 12 dreipfündige Kanonen aufgestellt. Die Thore durften nur geöffnet werden in Beisein eines Oberoffiziers und wenn die ausgeschickten Patrouillen meldeten, daß kein Ueberfall zu befürchten. Die hereinpassirenden Personen wurden auf das Genaueste examinirt, die Thorsperre in beständiger Bereitschaft gehalten und zur Nachtzeit Bürgerpatrouillen in die Zwinger geschickt. Die Kriegskassa ließ man nach Weißenburg bringen und den Bauern, die Mist ausführen wollten, die Passage sperren. Die kaiserliche Werbung verließ Nürnberg, und die Habseligkeiten des kaiserlichen Gesandten wurden weggeführt und in Sicherheit gebracht.

Den Wachtposten wurden, weil sie wegen Mangel an Leuten nicht abgelöst werden konnten, Zulagen ertheilt, und den Mannschaften in den zwei geöffneten Thoren der Befehl ertheilt, bei Ansicht einer feindlichen Partei sogleich Gattern und Schlagbäume zu schließen und Gewalt mit Gewalt abzutreiben. So lange sie keinen Feind sahen, waren die Rathsherren ganz tapfer. Sie beschlossen, Widerstand zu leisten, wenn ein Corps komme, das nicht stärker als die Garnison. Komme aber ein überlegener Feind, so soll man widerstehen, aber nach und nach sich zurückziehen, die Schlagbrücken aufziehen, innerhalb der Thore Stellung nehmen, dieselben nach Möglichkeit vertheidigen und am Ende die Spitzen als das äußerste und letzte Defensionsmittel fallen lassen.

Das Alles gewährte ein recht männliches Ansehen; im Herzen aber war wenig Muth und Wille, es auf das Aeußerste ankommen zu lassen. Wie dem Rath, so erging es auch der Kreisversammlung; sie wußte nicht, sollte sie bleiben oder fliehen. Sie schickte deßhalb den Kreisartillerie-Oberstlieutenant von Hartung an Kleist nach Bamberg mit der Anfrage, ob sie, ihre Kanzleien und Domestiken, die beim Kreis accreditirten Personen und ihre ab- und zugehenden Depeschen von ihm und seinen Truppen Sicherheit zu erwarten hätten. Zu gleicher Zeit ließ Nürnberg das reichsstädtische Collegium am Reichstage zu Regensburg angehen, es möge bei dem churbrandenburgischen Reichstagsgesandten von Plotho um Schonung der Reichsstädte bitten. Plotho antwortete, die zum Theil noch affigirten Citationes et Avocatoria sollen ohne Verzug abgenommen und reponirt werden; sonst könnte das größte Unglück entstehen, da die Generäle Befehl hätten, an allen Orten, wo sie dieselben noch anträfen, Plünderung vorzunehmen. Er könne sich überhaupt nicht genug wundern, wie übereilt und unbedachtsam man von Seite der Reichsstädte zu Werke gehe. Die Reichsstadt Nürnberg habe ohne alle vorhergegangene Requisition und selbst mit Violirung eines fremden Teritorii die dahin angewiesenen Geiseln bei dieser rauhen Jahreszeit wider alles Völkerrecht und gegen alle Menschlichkeit fortgeschickt. An andern Orten habe man die Thore verschlossen und auf die anrückenden Preußen Feuer gegeben — dabei nannte er Windsheim. — Ueberhaupt gehe man von Seite der Reichsstädte recht widersinnig zu Werke, und werde gar nicht in Betracht gezogen „mit was für einen großen König sie zu thun hätten." Der nürnberger Rath ließ Plotho auf diese Anklagen erwidern, die Citationen und Avocatorien seien bereits vom Wetter verbleicht; in der That aber hatte er sie in aller Stille abnehmen lassen.

Als die Gefahr immer näher rückte, wurden am 28. November die Genannten des größern Rathes zusammengerufen und ihnen bekannt gegeben, was bevorstehe und in welcher Lage sich die Stadt befinde. Sie sollen nun sagen, wie es mit der Vertheidigung der Stadt gehalten werden soll, wann die Preußen kommen. Denn der Rath wolle sich nicht abermals die Ungnade des Kaisers zuziehen. Die Genannten meinten, wenn nur ein kleines Corps anrücke und Einlaß begehre, so soll es mit Gewalt abgewehrt werden. Die Rathsconsulenten waren aber anderer Meinung; sie sagten, man soll nicht feuern, „sondern nur eine glimpfliche Demonstration machen". Der Rath hinwider hielt es für besser, wenn man sich bloß defensiv verhalten und vorerst sondire, ob sich die Bürgerschaft wirklich zur Defension gebrauchen lasse. Das also war der Sinn des großen militärischen Apparats, den Nürnberg gegen Preußen in Bewegung setzte.

Jetzt wurden täglich 4 Bürgercompagnien zum Aufziehen beordert; eine stand bei der Schau, eine auf der Schütt und zwei auf dem Lorenzer Kirchhof.

So stand es in Nürnberg, als Sonntags den 28. November Abends 6 Uhr dem Rath, der Tag und Nacht versammelt war, die Anzeige gemacht wurde, daß preußische Truppen von Fürth gegen Nürnberg heraufziehen, die ausgeschickten Cavalerie-Patrouillen ¾ Stunden von der Stadt aufgehoben und feindliche Posten bis an die äußern Linien bei St. Leonhard aufgestellt seien und in der Nähe der

Stadt streifen. Der Rath wollte gar nicht daran glauben, da Tags vorher die bestimmte Nachricht eingelaufen, das Kleist'sche Corps habe sich über Hallstadt nach Coburg zurückgezogen.

Kaum war dieser Rapport erstattet, so erfolgte die abermalige Anzeige, es hätten sich vor dem äußeren Wachtposten an der Bucherstraße 2 preußische Offiziere eingefunden und verlangt, daß von Seite des Magistrats augenblicklich eine Deputation zu ihnen herausgesendet werde, der sie ihre Ordre eröffnen könnten. Es waren der Hauptmann und Flügeladjutant von Bonin und der Rittmeister von Kleist. Der Rath schickte den Platzmajor und Oberstlieutenant von Imhof, den sie sogleich fragten, warum man nicht eine Deputation an sie abgesendet. Man soll sie und ihre Truppen unverzüglich in die Stadt einlassen; wenn nicht, oder falls der mindeste Widerstand geleistet werde, so werden sie die Stadtthore fordern.

Der Rath ließ ihnen dann durch eine Deputation zurücksagen, er könne sie nicht einlassen, denn Oberstlieutenant von Hartung, der zu Kleist abgesendet worden, sei noch nicht zurück, und vor dessen Rückkehr könnte in dieser Sache kein Beschluß gefaßt werden ²⁴). Uebrigens sollen sie nur in den Vorstädten Quartier nehmen; man werde zu diesem Behufe einen Commissarius zu ihnen herausschicken. Sie erwiderten, das sei unnöthig, sie wüßten schon selbst, wie sie Quartier nehmen müßten; nicht um die Quartiere handle es sich, sondern um den Einlaß in die Stadt.

Während dieser Vorfälle entstand in der Stadt ein Auflauf des Pöbels, der sich über alle Stadttheile verbreitete, namentlich als von den Preußen nahe vor der Stadt 3 Kanonenschüsse abgefeuert wurden. Es wurden Aeußerungen laut und Absichten kundgegeben, die für die Sicherheit und Ruhe im Innern Nürnberg's das Schlimmste befürchten ließen. Doch gelang es durch kluge Maßregeln und rechtzeitiges Einschreiten den Aufstand im Entstehen zu bewältigen.

In dieser Lage wurde die Kreisversammlung abermals um Hülfe und Rath angegangen. Aber diese wußte selbst nicht, wessen sie sich von den Preußen zu versehen habe, und sie war ebenso hilf- und rathlos wie die Regenten Nürnberg's.

Unterdessen hatten sich die Preußen um die ganze Stadt und in

---

²⁴) Hartung wurde von General Kleist zurückbehalten, so daß er nach Nürnberg nicht zurückkehren konnte.

den zunächst gelegenen Dörfern ausgebreitet. Ein Theil war nach Schweinau marschirt. Hier nahmen sie die Patrouillen gefangen, die von der Stadt ausgesendet worden. Auch glaubten sie, die französische Werbung aufheben zu können, die dort stationirt gewesen. Dieselbe hatte sich aber rechtzeitig in Sicherheit gebracht. Die übrigen Truppenabtheilungen zogen sich, einerseits über Erlenstegen und Schoppershof, andererseits über Lay, Gaismannshof, Groß- und Kleinreuth bei Schweinau und über Steinbühl um die Stadt herum. Einige andere Truppenabtheilungen blieben in Doos, Schnigling, Wetzendorf und Klein- und Großreuth hinter der Veste stehen. Von jeder Compagnie wurden 25 Freiwillige commandirt, die Sturm laufen sollten; sie zweifelten nicht im Geringsten am Gelingen desselben. Bei dem Neuthor sollte eine blinde Attaque gemacht, der Hauptsturm aber beim Einfluß der Pegnitz zwischen dem Laufer- und Frauenthor am Nonnenbach unternommen werden. Die Freihusaren, die in der Nacht vom 28. auf den 29. November in die Herrnhütte kamen, wünschten nichts sehnlicher, als daß nur ein einziger Schuß aus der Stadt auf sie abgefeuert werde „dann könnten sie Beute machen, und in Nürnberg mehr reiche Stoffe als in Windsheim Cotton bekommen".

Das ganze Kleist'sche Corps, das Nürnberg umringte, war kaum 5000 Mann stark. Zu Erlenstegen lagen 300 Husaren, im Schoppershof und in der Umgegend 5 Eskadronen, in Doos, Schnigling, Wetzendorf, Klein- und Großreuth 200 Mann, in der Vorstadt Wöhrd 2 Bataillons und in Lay, Gaismannshof, Groß- und Kleinreuth, Schweinau und Steinbühl 500 grüne Dragoner und preußische Croaten. Das Corps hatte mehrere Kanonen bei sich. In Fürth waren 200 Freidragoner und in Bamberg ein Bataillon Infanterie zurückgeblieben.

Hauptmann von Bonin und Rittmeister von Kleist hatten sich in der Nacht vom 28. auf den 29. November um die Stadt herum und in die Vorstadt Wöhrd gezogen. Sie fanden keinen Widerstand und quartierten sich im goldenen Schwan, schwarzen Bären und in andern Gasthäusern ein. Am 29. November Vormittags 9 Uhr kam auch General Kleist nach Wöhrd, wo er sich ebenfalls im goldenen Schwan einquartierte; ihm folgten zwei Bataillons Infanterie, eines vom Regiment Alt-Sylow unter dem Commando des Majors von Taubadell, das andere vom Regiment Legrand unter dem Befehle des Grafen von Dohna. Sie zählten 46 Stab- und Oberoffiziere,

58 Unteroffiziere, 830 Gemeine und 260 Pferde und führten 6 Kanonen, 4 Haubitzen und 4 Munitionswägen mit sich.

Während dieses in Wöhrd vorging, stellten sich vor dem äußern Posten an der fürther Straße 1,000 Mann Infanterie, und bei dem äußern Johannisposten 600 Mann auf. Sie rückten von verschiedenen Seiten und in größeren und kleineren Abtheilungen auf die Stadt los, indem sie einen großen Train und viele Wägen mit Leitern, Aerten und andern zu einem Sturm nöthigen Werkzeugen und Materialien mit sich führten.

Nachdem diese Anstalten getroffen waren, ließ Kleist der Stadt bekannt geben, sie soll eine Deputation zu ihm schicken. Als dieselbe zu Wöhrd erschien, verlangte er, es soll ihm eines der Stadtthore geöffnet und ein Theil seines Corps in die Stadt gelassen werden. Geschehe dieses nicht bis Mittags oder werde Widerstand geleistet, so soll mit der äußersten Strenge verfahren und die Stadt ihrem unglücklichen Schicksal überlassen werden. Zu gleicher Zeit erschienen um 11 Uhr zwei Offiziere am Einlaß, mit der Aufforderung, sie bis 12 Uhr in die Stadt einzulassen.

Der Rath sah keinen Ausweg, wie er diesem Ansinnen entgehen und dasselbe ablehnen sollte. Denn er glaubte, die geringe ungeübte Mannschaft könne die ausgedehnten Festungswerke, zu deren Vertheidigung mehrere 1000 Mann erforderlich, nicht beschützen, Reichs- oder Kreishilfe sei nicht in der Nähe [25]), der Ausschuß der Bürgerschaft sei für das Nachgeben und somit der Widerstand erfolglos und gefährlich, so daß daraus der ganze Ruin der Stadt erfolgen müßte. Auch komme die Sicherheit der Kreisversammlung in Betracht, da Kleist erklärte, sein Verfahren gegen dieselbe werde sich „nach dem Betragen der Stadt richten".

Der Rath meinte, das seien Gründe genug, die ihn zum Nachgeben bestimmen müßten. Er entschloß sich daher, mit Kleist eine Capitulation einzugehen. In derselben wurde Seitens der Stadt verlangt, erstens Sicherheit der Kreisgesandtschaften, der fremden „charakterisirten" Personen und der fremden Häuser, dann Beachtung und Aufrechthaltung der reichs- und kreisständischen Verfassung „in politicis, ecclesiasticis, civilibus et militaribus", ferner die Sicher-

---

[25]) Es ist nicht wahrscheinlich, daß bem Rath der Anmarsch der Oesterreicher und Reichstruppen so gänzlich unbekannt geblieben sein soll.

stellung der Reichs- und anderer Depositen, der Archive, Renten und Gefälle, sowie der Zeug- und Vorrathshäuser, der Schöppachischen Compagnie und der Stadtmiliz, und schlüßlich die ungestörte Ruhe der Bürgerschaft und Einwohner, eine gemeinschaftlich zu regulirende Einquartierung der Truppen und gemeinschaftliche Besetzung der Wachtposten. Auch sollen die Kreisgesandten, die beim Kreis accreditirten Minister, die Rathsglieder und Beamten mit Einquartierung verschont bleiben. Unter diesen Bedingungen wolle Nürnberg eines seiner Thore öffnen und einen Theil des Kleistischen Corps einlassen. Auch soll vor Abschluß der Capitulation der Contributionspunkt festgestellt und eine bestimmte Aeußerung wegen des Zeughauses gegeben werden. Alle Punkte der Capitulation wurden von Kleist unterschrieben; bezüglich des Zeughauses aber erklärte er, er werde dasselbe zuvor besehen, ehe er sich darüber äußere, und wegen Contribution werde er nach Befehl des Königs handeln.

Die Stadt ließ sich das gefallen und nahm die Capitulation an, ohne vorherige Feststellung des Contributionspunktes. Zwischen 2—3 Uhr erfolgte dann der Einzug der Preußen durch das neue Thor. Voran zogen 6 Postillons; ihnen folgte Kleist in Begleitung vieler Offiziere; nach diesen kamen die Reitknechte mit den Hand- und Packpferden, dann die als Garnison bestimmte Mannschaft, bestehend aus Grenadiers und Füseliers, die 5 Kanonen mit sich führten. Beim Einzug waren auch die grünmontirten Freidragoner mit ihren Bärenmützen und 5 Standarten. Sie ritten mit gezogenen Säbeln und mit einer schönen Feld- und Janitscharenmusik durch die Stadt, die sie aber bald wieder verließen, indem sie durchs Spittlerthor hinausritten und zwei Kanonen mit sich führten; Kleist hatte sein Quartier im goldenen Schwan am Heumarkt. Hier stellte sich die Infanterie auf, um sich sodann im Laufer-Viertel einzuquartieren. Vor dem Quartier Kleist's wurden 2 Kanonen und 1 Haubitze nebst 3 Munitionswägen aufgestellt. Der Einmarsch war ruhig abgelaufen, und Abends herrschte eine Stille, als wäre nichts vorgefallen.

Von den 4 Bürgercompagnien, die innerhalb der Stadt Stellung genommen, waren 3 schon um Mittag entlassen worden; die vierte blieb bei der Schau stehen, um mit den Preußen die Wachen gemeinschaftlich zu beziehen. Unter den Thoren — die vier Hauptthore waren jetzt geöffnet, — auf der Veste und im Zeughaus hielten Preußen und Bürger gemeinschaftliche Wache; die übrigen Posten wurden von den Bürgern besetzt. In der Stadt blieben 1496 Mann. Die übrigen Truppen, bei welchen sich auch die preußischen Croaten befanden, wurden in die Vorstadt Wöhrd und die umliegenden Dörfer verlegt. In Tennelohe waren 720 Mann und selbst bis Hiltpoltstein dehnten sie sich aus. Hier lagen unter Rittmeister von Nordheim 281 Husaren, Dragoner und preußische Croaten. Die Vorstadt Gostenhof hatte keine Einquartierung, mußte aber Vorspann leisten, wovon die Preußen 8 Pferde behielten und nicht wieder zurückgaben.

Gleich nach dem Einzug desertirten von den Kreistruppen 48 Mann zu den Preußen; davon gehörten 17 Mann der Schöppach'schen Compagnie und 2 Mann den übrigen Kreistruppen an; die anderen 29 Mann waren Rekruten.

Bald nach dem Einmarsch berief Kleist eine Deputation des Rathes und forderte eine baare Contribution von 3 Millionen Gulden, die Herbeischaffung von 30 vierspännigen Wagen und aus dem Zeughause 12 Sechspfünderkanonen und an kleinem Gewehr, was er brauchbar finden werde. Seien diese drei Punkte berichtigt, so werde er dem Rath noch einen weiteren Befehl des Königs eröffnen. Eine aus Mitgliedern des Rathes, des Gelehrten= und Kaufmannstandes bestehende Deputation führte ihm den Nothstand der Stadt, das Darniederliegen von Handel und Wandel, den schlechten Vermögensstand der Bürgerschaft und die Unmöglichkeit zu Gemüthe, eine solche übermäßige Geldsumme aufzubringen. Alle diese Vorstellungen hatten keinen anderen Erfolg, als daß er die Summe auf 2½ Million reducirte. Dagegen belegte er am 30. November, um seiner Forderung Nachdruck zu geben die angesehensten Kaufmannshäuser mit Mannschaften; ja er drohte, noch mehrere Truppen in die Stadt zu ziehen, wenn seinem Verlangen nicht nachgekommen werde; innerhalb einer Stunde sollen sie sich resolviren. Der Rath bot 3—500,000 fl. Geheimrath Minister von Ellrodt wurde als Vermittler angerufen. Kleist aber war nicht zu erweichen; endlich erklärte er, 2 Millionen nehmen zu wollen; aber sie sollen schnell machen und für die erste Million 200,000 fl. erlegen und für die zweite Million Versicherung geben. Mit unsäglicher Mühe brachte der Rath endlich 400,000 fl. zusammen, indem er von der Bürgerschaft die für das laufende Jahr treffende Losung oder Bürgersteuer und das Schutzgeld einforderte und für das Uebrige Wechsel auf die Kaufmannschaft ausstellte, und zwar auf David von Scheidlein, Andreas Leonhard Pflüger, Georg Jakob Kießling und

Johann Thomas Selferhelb, welchen hinwider die Stadtgefälle ver‑
pfändet wurden. Das Geld sollte in Wechseln auf Berlin, Magdeburg
und Frankfurt an der Oder bezogen werden.

Kleist besann sich aber bald wieder eines Andern; mit der be‑
zahlten Summe könne er sich nicht begnügen; man soll ihm eine Mil‑
lion baar und eine Million in Wechseln geben; geschehe das nicht, so
werde er als General sprechen und noch ein Bataillon in die Stadt
legen. Diese Forderung machte er am 1. Dezember und zu gleicher
Zeit forderte er Neutralität und Zurückziehung der städtischen Truppen
von der Reichsarmee. Auch verlangte er, man soll ihm die in der
Spitalkirche verwahrten Reichs‑Heiligthümer und den Krönungsornat
der deutschen Kaiser sehen lassen. Er wolle, um den Zulauf des Volkes
zu steuern, von seinen Truppen eine hinlängliche Wache dazu stellen.
Der Rath sträubte sich aus Leibeskräften gegen dieses Ansinnen wegen
der Reichsheilligthümer. Er ließ dem General durch eine eigene Depu‑
tation die Unthunlichkeit dieses Begehrens und die Folgen und Ver‑
antwortung vorstellen, die für ihn (Rath) daraus entstehen würden,
und ihn an die Zusicherung erinnern, die er (Kleist) in den Capitu‑
lationspunkten in dieser Beziehung gegeben. Als die Deputation erklärte,
daß auf dieses Ansinnen in keinem Fall eingegangen werden könne,
stand er endlich davon ab. Denn die Reichskleinode durften Niemand
als den höchsten Häuptern und Reichsfürsten gezeigt werden. Desto
eifriger drang er aber nun auf Neutralitätserklärung; er besitze die
Mittel, den Rath dazu zu zwingen. Gebe dieser bezüglich der Neutrali‑
tät nach, so werde auch der König wegen der Contribution sich billig
finden lassen.

Der Rath brachte diese neuen Forderungen an die Kreisver‑
sammlung, mit der Bitte, sie soll den General davon abbringen und
ermahnen, er möge doch nicht Gewalt anwenden. Die Kreisgesandten
hielten eine Conferenz, aber auch ihnen war guter Rath theuer; sie
wußten selbst nicht, was sie zur Sache thun sollten und gestatteten
dem Rath, ein Schreiben an den Reichstag und die kreisausschreibenden
Reichsfürsten zu richten.

Alle Hebel wurden angesetzt, um dem General in Punkte der
Neutralität und Contribution zur Nachgiebigkeit zu stimmen. Der
Kaufmann Feuerlein, der viel bei ihm galt, machte ihm alle erdenk‑
lichen Vorstellungen, desgleichen der geheime Rath und Minister von

Ellrodt [26]). Der junge Herr von Scheidlein erbot sich, für Nürnberg die Fürbitte der verwittweten Markgräfin zu Ansbach bei ihrem Bruder, dem König, zu erwirken, und der Rath schrieb, wahrscheinlich durch eine Pression des Generals genöthigt, an die Bischöfe von Bamberg und Würzburg, sie möchten ihre Contingente von der Reichsarmee zurückrufen oder „überlassen." Kleist werde dann alle Erpressungen einstellen. Die Bischöfe erklärten „ihre Contingente überlassen, nicht mehr recrutiren und sich überhaupt nicht weiter daran kehren zu wollen." — Weniger ersprießlich waren die Schritte des jungen Herrn von Scheidlein, der nach Triesdorf zu der Markgräfin ging, aber nur die Antwort erhielt, man werde Nürnberg durch die Kreisgesandtschaft beantworten. Das geschah; die Antwort brachte jedoch keine Hilfe, sondern nur Recriminationen und Anschuldigungen über das unnachbarliche Verhalten, das Nürnberg gegen Ansbach zu zeigen pflege. Die Stadt soll sich nur Alles gefallen lassen, was jetzt über sie verhängt werde. Mit diesem höhnischen Rath schloß die ansbachische Antwort.

Auch der churbrandenburgische Reichstagsgesandte von Plotho wurde um Intercession angegangen und zwar mittelst des niederländischen Gesandten Gallieris; aber auch Plotho hatte nur Anklagen gegen Nürnberg und beschuldigte es, dem Kaiser 2 Tonnen Goldes und 20 Kanonen gegeben zu haben [27]). Er könne Nürnberg in diesen Dingen nicht behilflich sein.

Als eine Deputation des Handelsstandes, bestehend aus Johann Conrad Feuerlein, Marktvorsteher von Scheidlein, Marktvorsteher Pflüger, Caspar Gottlieb Merkel, Johann Wilhelm Pflüger, Johann Tobias Kießling, Johann Philipp Krüger und Konrad Ernst, dem General ihre Aufwartung machte und für den Schutz dankte, den er dem Handel angedeihen ließ, stellte er an sie die Forderung, Nürnberg soll mehr Geld geben und die Neutralität ergreifen. Die Bürgerschaft soll ¼, der Magistrat und die Landschaft ¾ zu der Contribution beisteuern; so wolle es der König. Die Deputa-

---

[26]) Diesem wurden damals von den Preußen 940 Louisdor und 3200 fl. zu Oberzenn aus einem bayreuthischen Postwagen weggenommen. Kleist nöthigte Nürnberg, dem Herrn von Ellrodt diese Summe zu ersetzen, während die Preußen die Beute behielten.

[27]) Die Geschichte von den 2 Tonnen Goldes war erdichtet; die Kanonen aber sollen als zu schwer später wieder zurück gekommen sein.

tion bat um Nachlaß und Milderung; denn Bürgerschaft und Magistrat machen ein Corpo aus. Die Neutralität sei für Nürnberg als Handelsstadt allerdings am zuträglichsten; allein die Verbindung der Stadt mit anderen Reichsständen erlaube ihr nicht, sich von denselben abzusondern. Kleist wiederholte seine Forderung und sagte zu den Kaufleuten beim Abschied: „man werde schon mehr Geld finden, wenn er um das Rathhaus herum nähere Nachsuchung thun lasse."

Contribution und Neutralität, das waren die Worte, die Kleist dem Rath ohne Unterlaß und je länger desto bringender, zurief. Auch forderte er wiederholt, Nürnberg soll sein Contingent von der Reichsarmee augenblicklich zurückrufen. Wenn das nicht geschehe, werde er auf habender Ordre gemäß gegen die Stadt und Landschaft mit den schärfsten Maßregeln vorgehen. Uebrigens werde er täglich von mehr als 100 Personen überlaufen, die von ihm die Erlaubniß verlangen, das Rathhaus zu stürmen und den Rath zur Ergreifung der Neutralität zu zwingen. Bis jetzt habe er den Leuten diese Erlaubniß verweigert und sie zu beschwichtigen gesucht, da er dergleichen Excessen abhold. Bamberg und Würzburg hätten die Neutralität zugesagt und Churbayern am Reichstage angefragt, ob es nicht gerathen wäre, die Reichstruppen zur Bedeckung des eigenen Landes zurückzurufen.

Als der Rath auf die preußischen Forderungen nicht einging, ließ Kleist am 2. Dezember den Losunger Johann Sigmund von Pfinzing zu Henfenfeld, den obersten Landpfleger Christian Friedrich von Stromer zu Reichenbach, den jüngeren Bürgermeister Paul Carl von Welser und Johann Sigmund Haller mit Personalarrest belegen. Sie wurden in ihren Häusern durch zwei Offiziere abgeholt, zu Fuß in's Weller'sche Haus auf dem Obstmarkt gebracht und daselbst gefangen gehalten, nachdem ihnen zuvor die Degen abgenommen worden. Bald darauf wurden ihnen noch beigesellt die Consulenten Marperger und Hanf, die Kaufleute David von Scheidlein und Marktabjunkt Merkel und Dr. Link, Pfleger des ebracher Hofes, von dem die Preußen 50,000 fl. forderten [20]). Nürnberg äußerte Kleist, habe sich nun dermaßen erklärt, daß er über seine Gesinnungen im Klaren sei; deßhalb müsse er bei bevorstehendem Abmarsch Sicherheit durch Geiseln haben.

Der Rath ließ den Geiseln sein Beileid ausdrücken; sie sollen

---

[20]) Sie vergaßen aber, daß das Kloster Ebrach um eine hohe Summe einen Freiheits- und Sicherheitsbrief von ihnen erkauft hatte.

nur Muth haben; es soll das Möglichste zu ihrer Befreiung geschehen. Sei ihre Verhaftung wegen verweigerter Neutralität geschehen, so könne sich die Stadt hierin nicht fügen. Dieses sollen sie dem General zu erkennen geben. — Oberstlieutenant von Strozzi und andere preußische Offiziere erboten sich, den General bezüglich der Geiseln zur Nachgiebigkeit zu stimmen. Es wurden ihnen Douceurs versprochen, wenn sie das thun. Darauf wollte Kleist den Pfinzing und Stromer alsbald loslassen, wenn zwei andere Rathsglieder sich als Geiseln stellen. Pfinzing und Stromer nahmen aber dieses nicht an, sondern erklärten, sie wollten sich der Gnade und dem Schutze Gottes empfehlen.

Aus dem Vorhergehenden ist ersichtlich, daß sich die Preußen zu Nürnberg keineswegs verschämt gebärdet. Was sie sonst noch gefordert und getrieben, soll hier in Kürze verzeichnet werden:

Am Tag des Einmarsches besuchten preußische Offiziere das städtische Zeughaus, das am folgenden Tage auch von Kleist besichtigt wurde. Sie nahmen bei diesen Besuchen hinweg: 12 Dreipfünder-Kanonen, 500 Paar Pistolen mit ihren Garnituren, 408 Karabiner mit eisernen Garnituren und hölzernen Ladstöcken und 500 Flinten mit eisernen Ladstöcken, Garnituren und Bajonnetten ohne Scheiden. Die Kanonen wurden von dem Artilleriehauptmann Webigen, die Gewehre vom Hauptmann Petri in Empfang genommen. Kanonen und Gewehre wurden auf 17,238 fl. geschätzt. Erstere gehörten zu den mit dem Alphabet bezeichneten Stücken des Zeughauses; sie trugen die Buchstaben A bis M. Die Kanonen mit den letzten 10 Buchstaben hatte die Stadt dem Kaiser Karl VII. geschenkt, so daß ihr nur noch die Stücke mit N und O übrig blieben. Die Gewehre wurden auf 12 vierspännigen Wägen fortgeführt. Ueberdies mußte Nürnberg noch weitere 24 vierspännige Wägen stellen. Diese wurden mit Munition, Fourage u. s. w. beladen.

Außer den Kanonen und Gewehren nahmen sie aus dem Zeughause mehrere Böller, Raquetenstöcke, Schwärmerstöcklein, ein großes hölzernes Grenadier-Trommelspiel „so pfeift", 4 Paar mit Messing garnirte und andere Pistolen. Zwei Paar Pistolen mit doppelten Läufen und Schlössern und polirten stählernen Garnituren und ein Paar mit weißer Damascener-Politur wurden dem General und seinem Adjutanten von Bonin zum Präsent gemacht.

Wenn die preußischen Wachen aufzogen, so versammelten sie sich am Gasthause zum Bitterholz, wo ein hoher Offizier einquartiert war.

Unter Vorausmarsch der Janitscharenmusik nahmen sie dann ihren Weg über den alten Weinmarkt, bei dem Rathhaus hinunter über den Kälbermarkt, und hinter dem Rathhaus durch die Bindergasse zu des Generals Quartier. An demselben marschirten sie vorbei in die Judengasse, wo sie sich auf die Posten vertheilten. In der sogenannten Hundertsuppen war die Hauptwache. Der Aufzug der Wachen erfolgte um 11 Uhr Mittags, der Zapfenstreich Abends 8 Uhr und die Reveille Morgens 7 Uhr. — Ihre Bier-, Fleisch- und Brodforderungen, die sie an ihre Quartiergeber stellten, waren anfangs so groß, daß ein Reglement erlassen werden mußte, was man den Truppen geben soll. Nürnberg gefiel ihnen sehr gut und sie ließen sich's wohl sein. Mehrere Offiziere betheiligten sich bei den Conzerten, die bei angesehenen Familien gehalten wurden; auch besuchten sie fleißig das Theater. Am 30. November ließ Kleist „die Zurückkunft von London" und das Ballet „die Blinselmaus und die Eifersucht" aufführen. Dieses wurde dem Publikum durch nachstehenden Theaterzettel angekündigt:

„Mit gnädiger Erlaubniß einer hochgebietenden Obrigkeit und unter Protektion Sr. Excellenz des Herrn General von Kleist wird heute Dienstag den 30. November 1762 die Gesellschaft der Italiänischen Opera aufzuführen die Ehre haben das lustige Singspiel mit dreyen Handlungen, betitult:

Die Zurückkunft von London.

Die Musik ist von dem Kapellmeister Hr. Fiskietti und die Poesie von Hr. Goldoni. Den Beschluß macht ein pantomimisches Ballet, betitult:

Die Blinselmaus und die Eifersucht.

Der Schauplatz ist in dem allhiesigen Opernhause, und der Anfang heute präcise um 5 Uhr.

Man zahlt in den Logen 1 fl., Im Parterre 30 kr., Auf dem Zweiten Gang 20 kr., Auf der Gallerie 10 kr."

Im Ganzen hielten sie gute Mannszucht, namentlich innerhalb der Stadt; aber es ging nicht ab ohne einige grobe Excesse und Unhöflichkeiten, die sie mitunter selbst im Rathhause und vor der Rathsstube ausübten [29]). Während ihrer Anwesenheit durften die Sebalder Schüler in der Stadt nicht herumsingen.

---

[29]) Der Mohr des General Kleist machte im Hause des Bierwirths Johann Sirt Löcherer einen Nothzuchtsversuch an einer ledigen Weibsperson.

In den Dörfern und auf dem Lande trieben sie es bunter, und es kamen deßhalb viele Klagen an den Rath. Dieser legte dieselben ad acta; es scheint, er hatte nicht den Muth, dem General darüber Vorstellungen zu machen. In Wörth und Gräfenberg waren die Erpressungen arg; aus letzterem Ort führten sie den Pfleger von Oelhafen als Geisel mit sich fort.

Kleist hatte seine Husaren während der Occupation Nürnberg's nicht unthätig gelassen; sie schwärmten allenthalben herum, erpreßten Contributionen und verbreiteten Schrecken bis an die Ufer der Donau. Der Reichstag in Regensburg gerieth in Bestürzung und suchte bei Plotho Schutz und Sicherheit. Bei ihren Streifereien kamen die Husaren auch nach Wozelsdorf bei Kornburg und nach Herpersdorf, um Geld zu erpressen. Das ist nun nichts Besonderes, aber zu erwähnen dürfte sein, daß sie von einem nürnbergischen Hirten aus Lichtenhof geführt wurden, der sich bei dieser Razzia in einen Husarenpelz gesteckt hatte.

Diese Unternehmungen Kleist's wurden von den österreichischen Truppen nicht gestört; sie hielten sich durch den Waffenstillstand gebunden. Endlich kam aber der Befehl aus Wien, diesem Treiben in Franken ein Ende zu machen. Ein starkes Corps Oesterreicher kam jetzt aus Böhmen und vereinigte sich mit den Reichstruppen unter dem Prinzen von Stollberg. Sie rückten in Franken ein, während zu gleicher Zeit Prinz Xaver mit sächsischen Truppen und die Franzosen aus dem Würzburgischen heran rückten. Kleist mußte jetzt auf seinen Rückzug Bedacht nehmen, den er am 3. Dezember antreten wollte.

Schon Tags vorher hatte er den in der Vorstadt Wöhrd liegenden zwei Bataillons Befehl ertheilt, sich zum Aufbruch bereit zu halten. Das Legrand'sche Bataillon zog noch am 2. Dezember Nachmittags 2 Uhr ab. Das Alt-Sydow'sche folgte ihm des andern Tages in guter Ordnung. In Wöhrd waren die Posten nur von den Preußen besetzt; sie hatten dabei 3 Dreipfünder, 3 Sechspfünder und 1 Vierundzwanzigpfünderhaubitze aufgepflanzt. Sie führten sich im Ganzen ziemlich gut auf. Major von Taubabell, der in Wöhrd commandirte, hielt strenge Mannszucht; aber nichts desto weniger waren ihre Requisitionen fast unerschwinglich; sie forderten Geld, vieles und gutes Essen und Trinken und Fourage in großer Menge, so daß die Vorstadt um 5200 fl. geschädigt wurde. Der Abzug ging in guter Ordnung ab.

Am 3. Dezember 10 Uhr Vormittags verließen die Preußen ihre

Wachen an den Thoren und Thürlein der Stadt. Als sie dem Rath die Thorschlüssel zurückgestellt, und Aufstellung auf dem Heumarkt genommen, marschirten sie um 11 Uhr mit klingendem Spiel zum neuen Thor hinaus. Ehe er abmarschirte, stellte Kleist der Stadt ein Assecuranzdekret aus, wodurch sie von der Aufnahme von Truppen und von der Bezahlung einer Contribution befreit werden soll, falls nach seinem Abmarsch noch andere Preußen nachrücken sollten. Als er abmarschirte, empfing er noch eine Deputation des Kreisconventes und des Rathes, die ihm „ein convenables Compliment" machen wollten und um Aufrechthaltung der Ordnung beim Abzug der Truppen baten. Kleist erklärte, er bleibe nur etliche Tage aus und werde wieder kommen, dann erwarte er aber, daß die 2 Millionen Contribution bereit liegen. Es wurde ihm die Unmöglichkeit, eine solche Summe aufzubringen, vorgestellt; er aber that, als höre er nicht, und antwortete nur: „Ich werde wieder kommen, und sollte es auch noch zwei- oder dreimal sein."

Als Kleist mit seinen Truppen durch die Thore gezogen, schickte er einen Major zurück, der nach dem Wachtmeister fragte und diesem Namens des Generals Folgendes ausrichtete. „Ich habe" sagte er „im Namen des Generals nochmals an Einen hochlöblichen Magistrat ein Compliment zu vermelden, daß sie für alle empfangene Ehre den verpflichtesten Dank erstatten ließen. Wofern sie heute oder morgen Einem hochlöblichen Magistrat etwas Gefälliges bei königlicher Majestät erweisen könnten, werden sie solches mit Vergnügen thun. Im übrigen sollte Ein hochlöblicher Magistrat die Thore und Posten wie vorher besetzen." Kleist's Suite bestand aus dem Flügeladjutanten und Hauptmann von Bonin, Rittmeister von Kleist, dem Adjutanten Hauptmann von Petri, Rittmeister von Quooß, den Lieutenants von Stückrad, von Platen und Seidel und dem Lieutenant Müller, der die Stelle eines Platzmajors versah.

Drei Stunden vor dem Abmarsche hatte Kleist die Geiseln unter großer Theilnahme der wohlgesinnten Bürgerschaft mit militärischer Bedeckung abführen lassen. Sie fuhren in einem vierspännigen, von Bauernpferden gezogenen Wagen, in welchem Dr. Link aufrecht stand. Vor dem Thore mußte er einen Bauernwagen besteigen. Der Zudrang des Volkes beim Abmarsch war sehr stark, namentlich am Quartier des Generals, vor welchem die Contributionsgelder verpackt und verladen wurden. Diesem Zuge folgten unter starker Bedeckung viele Wägen mit Proviant, Fourage und Haber. Der Marsch ging über Fürth nach Bamberg, während die Geiseln über Erlangen abgeführt wurden. Von Erlangen brachte man sie nach Höchstadt, wo sie in der Fischgasse bei Pankraz Pflaumer einquartiert wurden und den Pfleger zu Gräfenberg, von Oelhafen, und den Gerichtsschreiber Stolzer von Hiltpoltstein antrafen, die ebenfalls als Geiseln mitgeschleppt wurden. Hier wurden ihnen ihre Degen wieder zugestellt, als sie von Kleist zur Tafel geladen wurden. Pfinzing und Stromer wurden durch Vermittlung des Oberstlieutenants von Strozzi am 5. Dezember wieder entlassen [30]). Der Rath hatte ihm dafür einen silbernen Säbel mit silbernem Gehäng versprochen. Kleist wollte nur den Pfinzing entlassen, der kränklich war, und den Stromer erst dann freigeben, wenn bis zum 6. Dezember die 200,000 fl., wofür er Wechsel hatte, baar entrichtet seien. Haller und Welser aber wollte er so lange behalten, bis die ganze Contribution bezahlt sei. Stromer kam erst am 7. Dezember zurück. Nach seiner Ankunft wurde vom Rathe ein Dankgottesdienst angeordnet.

Kleist blieb auch nach seinem Abzug in beständiger Correspondenz mit dem Rathe. Am 6. Dezember forderte er nachträglich noch Douceur für seine Offiziere und 5000 fl. Lösegeld für den Pfleger von Oelhafen, 3000 fl. für's deutsche Haus und 12,000 fl. für Windsheim; dann werde er Oelhafen und Solger und die windsheimischen Geiseln freigeben; aber es sei ihm lieber baar Geld als Wechsel. Auch soll man ihm die Contribution schicken, dann gebe er auch die übrigen Geiseln frei. Der Rath ließ ihm durch Feuerlein 100,000 fl. einschließlich der Douceurs anbieten; dagegen möge der General Alles für abgethan erachten; oder es sollen ihm 50,000 fl. und die Douceurs besonders bezahlt werden. Kleist antwortete, die baar und in Wechseln bezahlten 400,000 fl. seien lediglich für die Kassa des Königs bestimmt; das Militär habe davon gar nichts bezogen. Nürnberg möge daher noch ein ergiebiges Quantum bezahlen „um die Discretion der Militärs fourniren zu können"; er begnüge sich in dieser Hinsicht mit 50,000 fl. Der Rath gab aber keine feste Zusicherung, sondern bezahlte nur 5000 fl. Contribution für die Aemter Betzenstein, Hiltpoltstein, Velden und Gräfenberg, worauf Oelhafen und Solger freigegeben, Haller und Welser jedoch zurückbehalten und bei dem Abzug von Bamberg mitgeschleppt wurden. Dieser erfolgte

---

[30]) Deßgleichen Dr. Link.

am 8. Dezember. Kleist ließ denselben durch Veranstaltung eines Balles maskiren und zog sich in Eile über Coburg zurück. Hier schickte er die nürnbergischen Bauern und 60 Vorspannpferde wieder nach Hause.

Welser und Haller wurden von Coburg nach Leipzig gebracht. König Friedrich verharrte auf der Bezahlung von 2 Millionen Contribution; er werde sie einzutreiben wissen. Dieses zeigten die Geiseln dem Rathe unterm 19. Dezember mit dem Bemerken an, Nürnberg möge auf sie keine Rücksicht nehmen; sie wollten ja Alles gerne ertragen aus Liebe zu ihrer Vaterstadt. Der König ließ sie wiederholt auffordern, in den Rath zu bringen, daß die 2 Millionen bezahlt werden. Sie erklärten, als Geiseln könnten sie mit dem Rathe nicht unterhandeln. Diese Weigerung erschwerte ihre Lage. Sie wurden mehr als Gefangene, und nicht wie Geiseln, und überhaupt sehr unwürdig behandelt. Der königliche Adjutant von Anhalt drohte ihnen, wenn sie sich keine Mühe geben, daß Nürnberg die 2 Millionen bezahle, so werde man sie ohne Rücksicht auf ihren Adel den Weg von Leipzig nach Magdeburg zu Fuß machen lassen. Der preußische Minister von Finkenstein insinuirte ihnen unter Anderm, sie sollen beantragen, daß der nürnbergische Reichstagsgesandte von Wöltern zu Plotho gehe und die Neutralität Nürnbergs zusichere. Plotho werde sich dann für ihre Freigebung und Erlassung der Contribution verwenden. Geschehe dieses nicht, so werde General von Seidlitz, ehe man es vermuthe, in Franken sein „und dann gnade Gott Nürnberg." Diese Drohungen wirkten aber nicht mehr; denn es gingen bereits Gerüchte vom nahen Abschluß des Friedens und daß der Kaiser die von Nürnberg und anderen Kreisständen ausgestellten Wechsel für nichtig und kraftlos erklärt habe. Dennoch war Nürnberg nicht ohne Sorge, es müsse, wenn auch Friede geschlossen werde, die volle Contribution bezahlen. Zum Glücke war diese Furcht ganz unbegründet.

Aber von anderer Seite gerieth Nürnberg wieder in neue Verlegenheiten. Kaum hatte nämlich der Kaiser vernommen, daß Kleist in Franken eingefallen sei und Nürnberg bedrohe, so erließ er am 1. Dezember ein Schreiben an den Rath, worin er klagt, wie der König in Preußen neuerdings sich unterstehe, Kriegsvölker in den fränkischen Kreis einbringen zu lassen „und mittelst vielfältiger Verblendungen alles in Schröcken und Furcht und sogar die bambergischen Lande in unerschwingliche Contribution zu setzen." Diese unerhörten Vergewaltigungen auf dem Reichsboden und des preußischen Comitialgesandten zu Regensburg gebieterische Erklärungen hätten keinen anderen Endzweck, als die unschätzbare Gerechtsame der getreuen Reichsstände und das edelste Kleinod ihrer Freiheit unter das preußische Joch zu bringen, durch Hinwegführung der jungen Mannschaft und durch die härtesten Gelderpressungen die Reichslande zu verwüsten und zum unwiederbringlichen Nachtheil der deutschen Reichsgrundverfassung Alles in die äußerste Zerrüttung zu bringen. Um solchem Treiben Einhalt zu thun, habe der Fürst von Stollberg Befehl erhalten, mit der durch die österreichischen Truppen verstärkten Reichsarmee unverzüglich ins Reich und zuvörderst in den fränkischen Kreis zu marschiren, und seien auch andere reichsgesetzmäßige Vorkehrungen zur Abwehr dieser preußischen Einfälle getroffen worden. Werde Nürnberg von einem der preußischen Streif-Corps zur Uebergabe aufgefordert, so soll es sich ernstlich zur Gegenwehr stellen und sich mit den Ruhestörern in keine Handlung oder Correspondenz und in kein Vernehmen einlassen, sondern seiner Pflichten gegen Kaiser und Reich gedenken, widrigenfalls er (Kaiser) Rechenschaft von Nürnberg fordern werde, wenn durch sein Verschulden Nachtheil für den fränkischen Kreis, Zerrüttung des reichsstädtischen Gemeinwesens oder eine Gefährdung der Reichskleinode erfolgen sollte [31]).

Auf dieses Schreiben antwortete der Rath dem Kaiser unter'm 8. Dezember Folgendes: Er habe das kaiserliche Rescript erst empfangen, als das große Unglück schon geschehen. Nürnberg, von aller reichs- und kreissocietätsmäßigen Hilfe verlassen, habe capitulirt, nachdem es alle diejenigen Vertheidigungs-Vorkehrungen getroffen, die einen erfolgreichen Widerstand gegen eine kleine Macht verhießen. Es sei aber am 28. November das ganze in Franken befindliche Corps der Preußen im nürnbergischen Gebiete und vor Nürnberg erschienen. Einer solchen mit schwerem Geschütze versehenen Macht habe man mit Erfolg nicht widerstehen können, nachdem aus Rothenburg, Windsheim und anderen Orten sehr fatale Nachrichten eingelaufen und schon im Jahre 1759 der unhaltbare Zustand der nürnbergischen Festungswerke durch die Generalität constatirt worden. Die kleine Besatzung sei durch den anstrengenden Dienst völlig erschöpft gewesen und habe zur Besetzung der ausgedehnten Werke bei Weitem nicht ausgereicht. Ohne Wissen der Kreisconvents habe er (Rath) keinen Schritt gethan; derselbe könne es bezeugen. Trotz aller Bedrängnisse habe sich Nürnberg

---

[31]) Kaiserliches Original-Schreiben ddo. Wien 1. Dezember 1762.

von der Treue und Devotion, die es dem Kaiser schuldig, keinen Schritt entfernt, sondern fest in derselben beharrt.

Uebrigens glaubten viele Sachverständige, Nürnberg hätte sich vertheidigen können; es habe einen breiten und tiefen Graben, hohe Mauern, die ringsumher wohl bestrichen wären, viele Außenwerke, hohe und starke mit Stücken wohl versehene Thürme, die nicht nur die Vorstädte, sondern auch das Land weit umher bestreichen können. Die Preußen wären nur circa 2000 Mann stark gewesen; sie hätten nur etliche Regimentsstücklein gehabt und mit denselben die Stadt nicht beschießen können. Nürnberg hätte, da die Preußen noch in Bamberg waren, den General von Effern oder den Prinzen von Stollberg um schleunige Hilfe bitten sollen. Auch habe General von Riedesel sich erboten mit seinem Corps in die Stadt zu ziehen; das habe aber die Stadt abgelehnt.

Diese Anklagen gegen Nürnberg drangen bis an den kaiserlichen Hof. Der Kaiser war über die Stadt sehr erzürnt, daß sie die Preußen eingelassen; denn wie leicht hätte es geschehen können, daß selbst die Reichs-Insignien von ihnen weggeschleppt worden wären. Prinz von Stollberg wurde beauftragt, genaue Untersuchung über das ganze Verhalten der Reichsstadt einzuleiten. Gegen diese Anklagen suchte sich der Rath zu vertheidigen, indem er auf den inneren Zustand der Stadt hinwies; der Pöbel sei zur Empörung und Plünderung bereit gestanden, die Bürgerschaft habe sich geweigert, die Stadt zu vertheidigen, und die Anzahl der Miliz sei so gering gewesen, daß nicht einmal die wichtigsten Werke und Wachen besetzt oder vertheidigt werden könnten. Die Plünderung und Niederbrennung der Vorstädte und die Verheerung des ganzen Landes sei zu gewärtigen gewesen und hätte auch durch die Außenwerke und Thürme nicht verhindert werden können.

Es scheint, die Entschuldigung Nürnberg's wurde annehmbar befunden, obwohl selbst Bamberg und Würzburg unter den Anklägern auftraten, und die Reichsstadt beschuldigten, sie habe die Preußen eingeladen zu kommen, und preußische Offiziere selbst hätten dieses offen zugestanden und bestätiget.

Beilage I.

Seiner Königlichen Majestät in Preußen ꝛc. ꝛc. ist alleruntersthänigst vorgetragen worden, was Ein Edler Magistrat der Freyen Reichsstadt Nürnberg vermittelst dessen Schreiben vom 31. des letzt verwichenen Monats May an höchst dieselbe occasione des in dortiger Gegend befindlichen Obristlieutenants und Adjutanten von Mayr gelangen lassen wollen. Da weltkundig und der ohnpartheyischen Welt zur Genüge dargeleget worden ist, durch was vor üble procedées und offenbahre Zunöthigungen der Wiener'schen Hofes Sr. Königliche Mayestät ohnerachtet aller Bemühungen, so Sie angewendet haben, den Frieden und die Ruhe in dem werthen Vatterland zu erhalten, zu dem ietzigen Kriege gezwungen worden, und was vor höchst illegale und niemahlen zu justifizirende Proceduren dero Feinde gebraucht haben, um die Ständte des heiligen Römischen Reichs wieder alle deren Prärogativen und Freyheiten und wieder alle Reichs-Constitutiones und Verfassungen in solchen das Haus Oesterreich einig allein angehenden und von solchen allein verursachten Krieg mit einzuflechten — so fehlet es noch sehr weit an dem, daß gedachter Magistrat, wie er in seinem Schreiben anführen wollen, durch Beobachtung einer exacten Neutralität währenden diesen das Reich in nichts concernirenden Krieg seinen Huldigungs- und Lehenspflichten entgegen handeln würde.

Mit des Kaysers Mayestät als Kayser haben Sr. Königliche Mayestät nichts zu demelken, niemahlen aber ist es bisher, Gottlob!, dahin gekommen, daß das teutsche Reich in einer solchen Dependence des Wienerschen Hofes gestanden, daß solches und dessen Ständte den despotischen Willen des Wienerschen Ministerii als Reichsgesetze erkennen und annehmen. Die göttliche Providence wird auch hoffentlich nicht zulaßen, daß erwehntes Ministerium in solchen seinen, obschon von vielen Zeiten her geführten Absichten jemahlen reussiren werde. Jeder redlich und patriotisch gesinnter Reichsstand wird es vermöge des dem Reiche und sich Selbst schuldigen Pflicht detestiren müssen, wann es als eine gegen die Huldigungs= und Lehenspflicht anlaufende Sache angesehen werden wolte, daferne solcher sich aus denen dem Reiche gar nichts interessirenden noch angehenden privat-querelles des Wiener'schen Hofes heraus halten und daraus eine exacte Neutralität beobachten wolle.

Die Reichs=Verfaßungen nebst der von des Kaysers Mayestät heilig beschworne Wahlcapitulation determiniren die Schranken zwischen dem Haupte und denen Gliedern des Reichs. Will ein Oberhaupt sich solchen zuwider das Reich in fremden Krieg einflechten, so kan keine Autorität, noch weniger aber die denen Absichten des Wienerschen Hofes gemäß gefaßte höchst illegale und mit ohnerlaubten Drohungen abgefaßte Reichs=Hofraths=Schlüße das Reich und deßen Stände darzu obligiren, es wäre dann, daß die ganze Reichsverfaßung in ihren völligen Umsturz gesezet und ein völliger Despotismus des Hofes zu Wien auch über die respectablesten Stände eingeführt werden sollte, wozu kein redlicher patriotisch gesinnter Standt die Hand biethen wird. Wohl aber geben die gegen Se. Königliche Mayestät bißher geschehene höchst illegale und unerhörte procedées deroselben die in aller Natur und Völkerrechten gegründete Befugniß, daß Sie gen dieselbe geschmiedete Complots nach aller Möglichkeit zu dißipiren und diejenigen, welche intentioniret seynd, Ihro durch ohnrechtmäßigen Beystandt ungerechter Waffen übles zu thun, zu preveniren. Dieses ist die Motive, warum obgedachter Obristlieutenant von Mayr mit denen bei sich habenden Truppen sich der Orten eingefunden, und von Einem Edlen Magistrat die zu seinen eigenen und des Reichs wahren Besten abzweckende Declaration gefordert hat. Wollte auch Ein Edler Magistrat nur erwehnte Truppen als zu wenig ansehen, dergleichen billige Forderung zu appuyren, so finden Se. Königliche Mayestät Sich, Gottlob!, im Stande, solche, wenn sie es nöthig erachten werden, durch mehrere zu souteniren und dero Recht und billigen Verlangen den gehörigen Nachdruck zu geben.

Und da endlich gedachter Magistrat sich selbst in seinem Schreiben als einen kleinen Stand zu qualifiziren beliebt, wo wird er auch hoffentlich einsehen, daß er nie eine beßere und der Stadt erprießlichere Partie ergreifen könne, als wenn er sich aus dergleichen querelles, die ihn und die Stadt auf keine Weise angehen, heraushalten, mithin um so mehr eine exacte Neutralität observiren wird, als es sonst gar leicht vor ihn und die gute Stadt Nürnberg zum Ruin und Verderb ausschlagen kann.

Was die von Einem Edlen Magistrat an S. Königliche Majestät zu Abkaufung der Neutralität ultro efferirte 80,000 fl. anbetrifft, da müssen höchstdieselbe erwehnten Magistrat darauf zu erkennen geben, wie dieselbe allezeit sehr weit davon entfernet gewesen, Geldes halber Krieg zu führen, und hätte ermeldeter Magistrat billig anstehen sollen, auf eine dergleichen indigne Art von Sr. Königlichen Majestät zu denken. Sie wollen keinen dero Mitständten im Reiche vexus machen, wohl aber sich bey dero Gerechtsame mainteniren und wieder alles ohnrechtmäßiges Zudringen dero Feinde durch die Ihro von Gott verliehene Mittel schützen, auch soviel an deroselben ist, dero Mitständte im Reich bey ihren rechtmäßigen Freyheiten und Prerogativen wieder illegale Gewalt und oppressiones schützen. Nach diesen Umständen müssen Sie auch nunmehro gedachten Magistrat überlassen, ob derselbe zum wahren Besten der seiner Vorsorge anvertrauten guten Stadt Nürnberg die verlangte exacte Neutralität bei jetzigen Kriege annehmen und observiren, oder aber durch das Gegentheil sich exponiren wolle, in Verfolg der Zeit und vielleicht in Kurzen seinen darwieder anlaufenden Entschluß sehr zu bereuen.

Im Lager vor Prag, den 5. Juni 1757.

Friedrich R.

An den Magistrat der Freyen
Reichsstadt Nürnberg.

P. S.

Nachdeme auch Sr. Königliche Majestät dasjenige Schreiben vom 1. dieses, so ein wohlgedachter Edler Magistrat an Höchstdieselbe durch den damit expres abgeschickten Obristlieutenant von Imhoff einsenden und überreichen lassen, erhalten und dessen Innhalt mit mehrern ersehen haben, So beziehen höchst dieselbe Sich zuförderst auf dasjenige, so Sie Einem Edlen Magistrat bereits in dero Schreiben geantwortet haben. Demnächst aber und da Sr. Königliche Majestät allemahl zum Höchsten geneigt seyn, ermeldeten Magistrat und der guten freyen Stadt Nürnberg allemahl die nur möglichste Marquen von dero gnädigsten Neigung und Propension zu geben und dieselbe außer Verdruß zu halten, so weit es sonsten nur sonder dero eigenen Präjudiz geschehen kan, Als haben S. Königliche Mayestät sich auf eine solche Arth gegen erwehnten Obristlieutenant von Imhoff mündlich erplicirtet, daß hofentlich Ein Edler Magistrat davon zufrieden seyn und sich gänzlich beruhigen wird, wovon mehrgedachter Obristlieutenant hofentlich seinen fidelen Rapport zu erstatten nicht unterlassen wird und in conformité dessen S. Königliche Mayestät auch dero Obristlieutenant von Mayr instruiret haben. Was diejenige Personen aus der Stadt Nürnberg anlanget, so der Obristlieutenant von Mayr arretiren müssen und um deren Erlassung ermeldeter Magistrat sollicitiret, so hat es eigentlich die Bewandniß damit, daß, da Ein Edler Magistrat sich vor einiger Zeit durch einen dort subsistirenden Oesterreichischen Ministre inducieren lassen, einen gewissen in Sr. Königlichen Mayestät Diensten stehenden Capitaine Nahmens von Mayr, der sich zu Nürnberg als ein daselbst Durchreisender aufgehalten, auf eine ganz unwiderrechtliche und wider Sr. Königlichen Mayestät dignité anlaufende Weise zu arretiren und endlich sogar an gedachten Oesterreichischen Ministre zu extradiren, der solchen heimlich und des Nachts von dort weg und nach dem Oesterreichischen schleppen lassen, dieses höchst unjustificirliche procedez Sr. Königliche Mayestät bewogen hat, ermeldeten dero Oberstlieutenant von Mayr aufzugeben, par repressaille deshalb wiederum den einen oder den andern zur Stadt Nürnberg Behörigen zu arretiren und den oder dieselben als Geisel zu behalten, bis der Magistrat obangeführten Hauptmann Meyer wiederum aus den Oesterreichischen herbey geschaffet und auf freyen Fuß gestellet haben würde. Indeß da Sr. Königliche Mayestät allemahl Gelegenheit genug haben, an einen der gefangenen Oesterreichischen Offiziers die rechten repressailles exerciren zu laßen, falls wieder Vermuthen der Wiener Hoff sich beykommen laßen wolte, etwas Ungebührliches an gedachten Capitaine von Meyer als einen in dero Dienst stehenden Offizier zu begehen und solchen anders als einen obschon auf ohnerlaubte Arth bekommenen Kriegsgefangenen zu tractiren, So haben Sr. Königliche Mayestät auch hierunter Einem Edelen Magistrat ein Zeichen dero gnädigsten guten Willen gegen Ihn geben wollen, mithin dero Oberstlieutenant von Mayer beordert, daß, sobald gedachter

Magistrat diejenige Neutralitäts-Erklärung, so Sr. Königliche Mayestät verlangen, schriftlich oder allenfalls mündlich sub fida publica et Magistrati (sic) gegeben haben wird, sodann die von Ihn arretirte der Stadt Nürnberg zubehörige Personen wieder ihres Arrestes zu relaxiren und auf freyen Fuß stellen soll. Womit dann Sr. Königliche Mayestät mehrgedachten Magistrat mit allen gnädigsten guten Willen und Propension beygethan verbleiben.

Im Lager bei Prag, den 6. Juni 1757.

Friedrich, R.

Post Scriptum.
An den
Magistrat der freyen Reichsstadt
Nürnberg.

Beilage II.

Franz von Gottes Gnaden Erwählter Römischer Kaiser &c. &c.

Wir hätten von Euch niemalen erwartet, daß ihr von der rühmlichen Treue und von dem standhaften Muth, welche euere Vorfahrere für Uns und unsere Vorfahrere am Reich so oft und vielmahlen bezeiget, und eben dahero das sondere Vertrauen verdient haben, daß ihnen die Bewahrung deren Reichskleinodien ist überlassen worden, so weit abfallen, und deren an Uns von Euch abgelegten theuren Pflichten solchergestalten vergessen soltet, daß ihr Uns als Eueren Kaiser und Herrn absagen, und dagegen der Empörung nachhangen, somit hierunter des schweresten Verbrechens Euch schuldig machen würdet.

Dieses ist von Euch damit beschehen, da ihr unsere öffentlich affigirte Mandata avocatoria abgenommen, mit dem in der Empörung befangenen Churfürsten zu Brandenburg und dessen Anhängeren, unseren hierwegen in das Reich und an Euch insbesondere erlassenen kaiserlichen Mandatis zuwieder, in Handlung, Correspondenz und Vernehmen Euch eingelassen, diesem euerer eigenen Geständnuß nach eine Summa von 80,000 fl. angebothen, und nach dessen Verlangen nunmehr gar die dem Reich und dessen vergewaltigten Ständen schuldige Hülf zu entziehen vermeinet, anbey auch euch nicht entsehen habt, an Uns selbsten zu begehren, daß wir in diese eure pflicht- und gesetzwidrige Anmuthung geheelen möchten.

Alle von euch hierwegen vorgewendete Ursachen seynd nicht allein offenbar unstatthaft, sondern sie fallen alle auf Euch zu Eürer unauslöschlichen Schand zurück. Eine Zahl von 1500 Mann unter Anführung eines Parteygängeren, welcher sich des Verbrechens eines Landzwingern schuldig gemacht hat, soll einer aus soviel tausend Inwohnern bestehender Stadt, welche mit Mauern und Wercken umgeben ist und nebst dem noch ein geworbenes Kriegsvolk von mehr dann drey tausend Mann unterhaltet, und einem so angesehenen ganzen Land nach eueren Angaben eine für standhafte Reichsburgere und Unterthanen als gültig zu achten seyende Forcht verursacht haben.

Die auf der Stelle von den kreysausschreibenden Fürsten angeordnete Hülfleistung wollet ihr in ihrem auf den siebenden Tag fürgewehrten Anzug für zu langsam, und in der mehr als dreyfachen Stärke für unzureichend angeben!

Ihr wisset auch zu Euerem Behelf ein mehrers dabey nicht anzuführen, als daß die Burgere und übrige Kriegsmannschaft durch die einige Täge angedauerten Dienste wären ermüdet worden und, wie die Worte Eueres Schreiben lauten, daß die innere Verfaßung der Stadt die längere Sperrung nicht verstattet habe, dieweilen die Zufuhr deren Viktualien von allerhand Sorten für die Inwohnere ohnentbehrlich, der Verdienst bey manchen wachthaltenden Burgeren zu sein selbst und deren seinigen Nahrungs-Nothdurft unverschieblich, am Ende auch, wo nicht Ungedult und Murren würde überhand genommen haben, doch Krankheiten und andere beschwerliche Folgen würden zu besorgen gewesen, aussert deme auch Handel und Wandel, Gewerb und Commercia in augenscheinliche Zerrüttung gerathen seyn.

Nebst deme, daß die Ohnerheblichkeit dieser auch nicht einmal scheinbarer Behelfen sich in ihrer Blöße von selbsten darstellet und Euch mit der Schand einer schimpflichen Feigheit auf allen Seiten beladet, thuet ihr unser dasigen Burgerschaft zuviel und unrecht, da Ihr von dieser angeben wollet, als würde solche ermanglet haben, mit standhaftem Muth sich für die Erhaltung der Gemeinen und ihrer Freyheit zu wehren. Das geworbene Kriegsvolk aber hat von eueren Gebotten abgehangen; und ist es mehrmalen unverantwortlich, daß dieses für den gemeinen Dienst und Beste nicht ist angewendet worden.

Ueber dieses habt Ihr zu euerer weitern Beschämung Euch dessen zu erinnern, daß sogleich bey der ersten Anrückung des besagten Corps den 20. May ihr von denen daselbst versammleten Gesandten und Abgeordneten deren Stände des Fränkischen Kraises auf die von diesen an Euch beschehene Ermahnung einer standhaften Benehmung und dargegen von ihnen abgegebene Versicherung des werkthätigen Beystandes und der alsbaldigen societätsmäßigen Hülf des ganzes Kraises anbegehret habt, daß nebst der Darthuung der Zureichigkeit dieser Hülf Euch von denen Ständen die Entschädigung alles etwas erleyden kommenden Schadens solle genüglichen versichert werden, mit der angefügten Erklärung, daß ansonsten ihr wegen der von Euch erforderten Neutralität anderweite Entschließung fassen würdet, welche sogleich anfänglich von Euch abgegebene Erklärung sattsam zeiget, daß es an dem innern guten Willen bey Euch ermangelt hat, und hiernach ihr niemalen gemeinet waret, eueren gegen Uns und das Reich obhabenden Pflichten nachzuhangen, sondern nur allein gesuchet habt, wie ihr die angebliche Gefahr scheinbarlich verblenden, und damit Eueren Abfall einiger Maßen beschönigen köntet.

Dieses hat auch der fernere Erfolg damit bewähret, da ihr aller Euch von dem versammleten Convent beschehener Abmahnung ohnerachtet und ohnangesehen der auf dem Anzug gestandenen Hülf mit dem Partheygänger Meyer über die Annehmung der Neutralität die Handlung würklich angegangen habt und zu einer ernstlichen Gegenverfaßung nicht ehender vorgeschritten seyd, als biß dieser Partheygänger sich euerer Zaghaftigkeit noch gespottet, sofort nebst der von Euch angebottenen Neutralität auch noch aine Contribution erforderet, die dasige Burgerschafft aber endlich zur Gegenwehr selbsten gegriffen hat, von welcher ihr jedoch wiederum abgelaßen und mit dem oftbesagten Partheygänger die Handlung mehrmalen eingeschlagen, endlich auch gar an den in der Empörung befangenen Churfürsten zu Brandenburg einen deren dasigen Patritien abgesendet und diesem nebst der in Euerem Schreiben von dem 31. May benannter Anerbietung einer Summa von 80,000 fl.

und nebſt der in euerem weitern Schreiben von dem erſten dieſes gemeldeter Reclamirung deren von dem mehrbeſagten Partheygänger und friedbrüchiger Weiß vergewaltigten und eingefangenen beeden **von Hallern**, auch noch weitere unzuläßige Aufträge wie dieſes das von dem ermeldeten Churfürſten an Euch erlaſſene Poſtſcriptum von ſelbſten entdecket und Uns ſchon allſchon anderweit wiſſend iſt, aufgegeben habt.

Das allervermeſſenſte aber und gar nicht zu verantworten iſt es, daß auch nach der Zeit, da die Hülf des Kreyſes Euch allſchon zugegangen und der Euch ſo ſchreckbar angeſchienene Partheygänger von daſiger Unſerer Stadt und deren Gebieth abgetrieben ware, dagegen die Reichsarmee, ſo zu ſagen, vor denen daſigen Stadtthoren und eueren Augen ſich formiret hat, ihr unterfangen habt, unter dem 11ten dieſes Monaths mit der Beziehung auf das abſchriftlich angefügte von dem König in Preußen, Churfürſten zu Bankenburg, an Euch gefertigte Ruckſchreiben ſammt Poſtſcripts, welche weſentlich nur reſpektwidrige Vorwürfe gegen Uns und gehäßige zur weitern Empörung und Ableitung deren Ständen abzielende, ſomit verpönte Rathſchläge enthalten, weitere Bedrohung aber nur von langer Hand melden, an Uns zu bringen, daß ihr bei dieſen vorliegenden beträchtlichen Umſtänden, welche die zur gleichen Nachhangung reizende Ratſchläge des Empörer waren, vernüſſiget wäret, den Vorgang anderer zu imitiren und Uns, wie ihr mit verſtellten Worten meldet, zu bitten, ein ganz anderes aber das von Euch unter dem nemlichen Dato an den Churfürſten zu Brandenburg erlaſſene, von denen Kreisvölkern Unſerer herzinniglich geliebteſten Gemahlin der Kaiſerin Königin Mayeſtät und Liebden als eine mit dem Feind gepflogene Correſpondenz aufgehobene, und zu Unſeren Handen gekommene Schreiben zeiget, daß wir auch die Neutralität geſtatten möchten, mit dem ferneren Unſere kayſerliche Autorität und die Ehre des geſammten Reichs beleidigenden Beyſatz, damit ihr einem überwiegenden Gewalt nicht Preiß gegeben und dadurch dem Nexui cum Imperio et Circulo, wie die Worte eueres Schreibens alſo lauten, auf beſtändig gänzlich entziehen würdet, gleichſam als ob wir und das ganze heilige Römiſche Reich nicht mehr im Stande wären, unſere daſige Stadt zu ſchützen, und mit der Verfaſſung des Reichs es ſoweit gekommen wäre, daß eine in der Mitte deſſelben gelegene Stadt nicht allein auf einige Zeit vergewaltiget, ſondern, wie ihr euch ausgedruckt habt, a Nexu cum Imperio et Circulo auf **beſtändig gänzlich entzogen werden könne.**

Indeme nun wir die damit von Euch begangene schwere Verbrechen ohne Straf und Ahndung nicht nachsehen können, sondern Unserer Kayserliche Majestät und der Ehre des Reichs sammt dem so groß geärgerten Publico schuldig seynd, hierwegen an Euch überhaupt, und an denen unter Euch am mehresten Schuldigen auch noch insbesondere ein Erempel statuiren zu lassen, so haben wir Unserm Kayserlichen Reichshofrath aufgegeben, daß wider Euch nach der Gebühr deren Gesetzen verfahren werden solle, ohne daß jedoch die dasige Burgerschaft, von welcher wir mit allerhöchster Zufriedenheit vernohmen haben, daß sie willig und geneigt gewesen, ihre Treu zu bewähren, mit der von Euch begangenen Schand mit beflecket, sondern an die Thätere allein sich gehalten, und hiernach in einige der gemeinen Stadt zum Last fallen mögende Erkanntnuß auch nicht eingegangen werde. Eueren anhero abgeschickten Deputirten aber haben wir sogleich von Unserm kayserlichen Hoflager mit Ungnad fortweisen lassen.

Da ihr also der Eurigen Bestrafung halber das Weitere zu erwarten, die nach denen Reichsgesezen Euch obliegende Schuldigkeit aber von Nun zu handeln habt, So geben wir Euch anmit alles Ernstes und bey Vermeidung deren in den Landfrieden und dessen Executions-Ordnung gesetzter schwersten Strafen und Pönen nochmalen auf, und gebieten als Römischer Kayser, daß ihr sogleich bei Empfang dieses das Unsere dasige Stadt betreffende Contingent zu Roß und Fuß zu der zu Handhabung des Landfriedens angeordneten Reichsexekutions-Armee stellen und die rückständige Krais-Prästanda, soviel die jetzige Armatur betrifft, ohne Ausnahme auch alsbalden, im Uebrigen aber mit Vorbehaltung euerer desfallsiger allenfallsiger Befugniß abführen, dann aller Correspondenz und Vernehmens mittelbar und unmittelbar mit dem in der Empörung befangenen Churfürsten zu Brandenburg, auch dessen Helferen und Anhangeren Euch enthalten, und den in Unserer dasiger Stadt befindlichen königlich Preußischen Churfürstlich Brandenburgischen Residenten Buretti binnen 3 Tagen nach dem Empfang dieses ausschaffen sollet.

Wir versehen Uns dessen also ohnweigerlich und ohnaufhaltlich zu beschehen; in dem Fall aber, da ihr auch einen Ungehorsam in alsbaldiger gehorsamster Gelobung dieser Unserer kayserlichen Gebotten aller oder deren einiger Euch weiter soltet zu Schulden kommen lassen, worauf zu sehen Wir Unsern und den dasigen Krais-Accreditirten kayserlichen Ministro eigends aufgeben haben, so haben wir denen ausschreibenden Fürsten des dasigen Creyses von nun an allschon aufgetragen, daß dieselbe ohne weitere Rückfrage dem Landfrieden und dessen Executions=Ordnung gemäß gegen Euch und auf Eurer deren Magistrats= Personen Kosten verfahren, nebst deme, daß auf solchen Fall ihr die obermeldte Poenen und Strafen weiter verwürkt.

Wir meinen all dieses ernstlicher.

Geben zu Wien den 25ten Juni Anno 1757 Unseres Reichs im Zwölften.

 Frantz.
  v. Gr. v. Colloredo.

      Ad Mandatum Sacrae Caesareae
       Majestatis proprium.
      Andreas Mohr.

Denen Burgermeisteren und Rath
Unserer und des Reichs lieben
getreuen Stadt Nürnberg.

Beilage III.*)

Hochedle, Veste und Hochgelährte, Vielgeehrte Herrn! Es haben S. Königliche Mayestät unser allergnädigster Herr, nicht ohne besondere Befremdung vernehmen müssen, daß die hochedle Herrn sich jüngsthin nicht entsehen, dero bei dasiger Stadt sowol als dem I. fränkischen Craiß accreditirten Ministre Herrn Buirette von Oelfeld durch einen der dasigen Contingents=Hauptleute bedeuten zu lassen, binnen 3 Tägen nebst seiner ganzen familie und domestiquen aus dasiger Stadt und

---

 *) Ist auch als Flugblatt gedruckt.

Gebieth sich wegzubegeben, welches unerhörte Verfahren noch dahin extendiret werden wollen, daß es besagten Ministri dagegen gethanen standhaften Vorstellungen so wenig Gehör gegeben, daß demselben vielmehr durch den an ihn geschickten Hauptmann declariret worden, wie die Herren ihn für keinen publiquen Ministre mehr halten, achten oder ansehen, noch auch einige Connexion oder Umgang weiter mit ihm haben, am wenigsten einige Vorstellung mehr annehmen würden.

So wenig S. Königliche Mayestät von derer Herren sonst bekannter Prudenz sich dergleichen unfreundliches Verfahren versehen, so sehr empfindlich muß es allerhöchst deroselben billig fallen, daß die Herren ohne einige wider besagten Ministrum bey Sr. Königlichen Mayestät angebrachten Beschwerden oder vorgängige Anführung einiger Ursachen sich bewegen lassen können zu einer solchen dem Völkerrecht so offenbahr entgegen laufenden Demarche zu schreiten und dadurch den Sr. Mayestät gebührenden Respect gänzlich außer Augen zu setzen, zumahlen es ja denen Herren wohl nicht gebühret, eine dergleichen unbillige Gesinnung oberwehnten Königlichen Ministro zu thun und ihn auf solche Weise seines langjährig tragenden publiquen Charakters und Ministerii anmaßlich zu entsetzen, welches er nicht von ihnen oder jemand anders, wer der auch sein mag, erhalten, sondern welcher ihm alleinig von Sr. Mayestät unserm allergnädigsten Herrn als einer souveränen Puissance und Churfürsten des Reiches beygeleget worden, folglich er dessen auch von Niemanden als allerhöchst deroselben allein entsezet werden mag, so daß es in der That so unerhört als höchst unfreundlich ist, und wider das Völkerrecht offenbahr angehet, wann die Herren zu obgedachter Declaration geschritten und die angedeutete Ausweisung mit Gewalt zur Execution bringen zu wollen bedrohet, und dadurch in der Person des accreditirten Ministri allerhöchst gedachte Königliche Mayestät so offenbahr und in dem Angesicht des gesammten teutschen Reichs, ja von ganz Europa ohngescheut zu beleidigen kein Bedenken getragen haben.

Wir können dannenhero nicht umhin, auf erhaltenen allergnädigsten Spezial-Befehl Sr. Königlichen Mayestät hierüber geschöpfte äußerstes Mißfallen denen Herren nicht allein zu bezeigen, sondern auch alle gebührende Genugthuung und eine jenem großem Unfuge gemäße Reparation dieser gegen das Völkerrecht angehenden Demarche wegen hiemit ausdrücklich zu verlangen, als weswegen wir derer Herren schleunigste und positive Erklärung gewärtigen wollen, damit wir an

S. Königliche Majestät darüber den Bericht zu allerhöchst deroselben ferneren Entschließung zu erstatten im Stande seyn mögen. Die wir übrigens für Uns denen Herren zu Erweisung freundlicher Gefälligkeiten gefliffen beharren.

Berlin den 12 Jul. 1757.

Königl. Preuß. verordnete würckliche
geheime Etats=Räthe.

v. Podewils.   Finkenstein.

Denen Hochedlen, Vesten und hochgelährten
  Burgermeistern und Rathmannen der
  Kaiserlichen freyen Reichsstadt Nürnberg.
     Unsern vielgeehrten Herren
         Nürnberg.

Beilage IV.

Schöner Raritätenkasten,
Schöne Spielwerk
Von dem Partisan Meyer.*)

Kommt je was Neues in die Welt,
Worauf man viele Achtung hält,
So ist es Krieg und Kriegs=Geschrey
Und wie sein Partheygängerey.
    Schöne Rarität, schöne Spielwerk ꝛc. ꝛc.

Hier sehr ihr den Maier auserkoren,
Der Oestreich Treu und Glauben hat geschworen,
Jetzt aber durch Rauben worden ist
Nicht besser dann der Nickel=List.   ꝛc. ꝛc.

Schaut, wie er hier in Pilsen steht
Mit seiner Bande aufgebläht:
Er sengt und brennt ein Magazin,
Und hat dabei schlechten Gewinn.

---

*) Nachstehende Reime stellen sich dar als das Lied eines Leiermannes, der auf Messen und Jahrmärkten in seinen Raritätenkasten auch eine bildliche Darstellung der Maverschen Invasion mit sich führt und die Vorzeigung derselben mit diesem Liede begleitet. Jede Strophe endet mit dem Refrain „Schöne Rarität, schöne Spielwerk ꝛc.

Er nimmt von dar ein groß Geschütz
Und will darmit Hirschauens Witz
Bezwingen zur Neutralität:
Sulzbach und Baiern ein Gleiches thät.

Allein umsonst; er muß noch weiter
Das Land durchstreifen ungescheuter,
Bis er kam in der Noris Gebiet
Und daselbst faule Ruhe hielt.

Zwei Bataillons und dreyhundert Husaren
Seine Reise-Begleiter waren,
Die unterwegens in Bilseck,
Erregten auch gar vielen Schreck.

Der Hartmannshof und Pommelsbronn
Mußten hergeben bei scheinender Sonn
Gute Forellen und Anderes mehr,
Weil die Freibeuter hungert sehr.

Hersbruck, das edle liebe Ort
Hat müssen schenken täglich fort und fort
Sein herrlich starkes Klebe-Bier,
Worinn die Streifer ersoffen schier.

Allein sie nüchterten aus gar bald,
Und schrien eins mit aller Gewalt:
„Geld her schafft stracks, ihr Bürger,
Kommt sonst ein Corps neuer Würger.

Dergleichen Lügen und Prahlereÿ
Hört an die Deputation ganz frey.
Sie war nicht feig
Und sprach zugleich:

„Herr toller Mayer, besinne dich,
Und fahre etwas säuberlich.
Zeig uns vorher die Ordre an,
Aus was vor Macht du das gethan."

„Nichts, nichts von Requisitorialen
Brauch ich vorjetzt zu meinem Prahlen"
„Gebt her" sprach er „Euer Contingent",
So hat das Spiel zur Stund ein End."

Hier kommt der Obrist Oelhafen
Geritten zu den armen Schafen.
Er sagt dem Schnarcher ins Gesicht:
„Stellt ein euer Windmachen ohn Verzicht!"

Da kehrt er bald den Marsch nach Lauf,
Und ging daselbst auch alles drauf
An weißen Brot, an Haber und Heu;
Es ward darob ein groß Geschrey.

Der Mögelsdorfer Wiesen-Geruch,
Woselbst vor diesem Gold anflug,
Bewegt den Maier, dahin zu gehen
Und die schöne Blum zu sehen.

Es war umsonst, er kam zu spat,
Und hierauf ruckt er vor die Stadt.
Das zierlich Wöhrd und Gostenhof
Stund seinem meisten Schwarm off.

Schaut hier Nachtraben in den Gärten,
Wie die Husaren spielen den Pelz-Märten.
Sie brechen Zimmer und Keller ein
Und saufen aus den besten Wein.

Alle Posten von Nürnberg
Besetzt das Kriegsvolk überzwerg;
Die Thor sperrt man zu guter Zeit,
Daß draußen bleiben die losen Leut.

Die aufgebotene Bürgerschaft
In den Stadzwingern Rettung schafft:
Sie ziehet auf ohn Pulver und Bley
Und schreiet tapfer: Rund vorbey!"

Zwei Haller werden von Ohngefähr
Gefangen — das verdrießt sie sehr —
Der Mayer spricht: „Seynd mir willkommen,
Bis ihr Neutralität angenommen.

Sie spüren, daß sie Geißeln seyn —
Und das will ihnen gar nicht ein —
Man führt sie mit Escorte
Von einem zu dem andern Orte.

In Dresden nach gehaltem Triumph,
Wird bald der alte Haller stumpf:
Er lieget allda auf dem Schragen,
Bis man ihn thut zu Grabe tragen.

Ein gleiches Schicksal mittlerweil
Betrifft den Lieutenant Reizenstein;
Er muß von hier eine halbe Meil
Nach Kleinreuth zu dem Maier hinein.

Weit günstiger Glück hat dieser Mann;
Dann eh sich sein Gefolg besann,
So spielt er einen charmanten Fuß
Und kam aus allem sein Verdruß.

Hier werden die Felleisen visitirt
Und die Passagiers examinirt,
Nicht anders wie Lips Tullian
Zu seinen Zeiten hat gethan.

Au weh! Du Fürther Juden-Schaar!
Der Mayer ruft ohnablößig: „Baar
Zweyhundert und mehr Carolins,
Auch goldne Uhren, goldne Rings."

Bringt her und schafft Tabattiern,
Die nehme ich von Herzen gern;
Hingegen will ich billig sein,
Mit Euch liebe Mauschelein.

Der Einbuß im Anspacher Land,
Der Wilhelmsdorfer Jammer=Stand!
Das Bisthum Bamberg klaget frey,
Daß dieser Einfall grausam sey.

Generalmajor Kolb, der theuere Held,
Erscheint mit Kreisvölkern in dem Feld:
Verrätherey und arge List.
Des Mayers beste Schutzwehr ist.

Heyde und Maquey sind des Zeugen,
Emskirchen kann es nicht verschweigen,
Wie beede ohnversehens aufgehoben
Und nach Langenzenn geschoben.

Bey Bach geht es gar grimmig her;
Es sieht aus wie das wüthig Heer;
Zerhaut die Brücken und verbrennt
Und von dar nach Erlangen rennt.

Herr Kolb steht da und sieht im nach,
Weil er das Sein gethan bey Tag:
Die Nacht ist nicht Jedermanns Freund,
Drum mag es gut sein vor heunt.

Der Oberstlieutenant von Eppingen
Fand Mittel diesen Fuchs zu zwingen,
Daß er verließ das Frankenland
Und räumte es mit Spott und Schand.

Mein Kasten ist viel zu enge
Für all das groß und bunt Gemenge
Der Mayrischen Frech= und Frevelthaten,
Die weit übersteigen Hanns Barten
Den Räuber à la mer
Der im Leib hat keine Ehr.